Malghe, rifugi e osterie in Trentino

Guida alla ristorazione tipica

Con proposte di escursioni e altre curiosità

Malghe, rifugi e osterie in Trentino

Guida alla ristorazione tipica
Con proposte di escursioni e altre curiosità

Oswald Stimpfl · Folio Editore Vienna/Bolzano

RINGRAZIAMENTI

Questa guida e stata realizzata grazie al gentile contributo delle **Casse Rurali Trentine** e di **Mediocredito Trentino Alto Adige**.

Un cordiale ringraziamento va anche a **Irene Waldmüller-Engele** per aver aiutato l'autore nella sua ricerca, a **Günther Hofer** per i preziosi consigli come pure alle **APT** del Trentino per gli spunti forniti.
Esprimiamo infine il nostro ringraziamento a **Girovagando in Trentino**, programma televisivo di Luciano Da Canal.

Referenze fotografiche
Othmar Seehauser: pp. 152, 174-175
Tutte le altre immagini sono state realizzate da Oswald Stimpfl.

Foto di copertina: Rifugio Monte Lefre, Tesino

Traduzione: Michela Caracristi
Progetto grafico: no.parking, Vicenza
Scansioni e stampa: Lanarepro, Lana
ISBN 88-86857-42-X

www.folioverlag.com

INDICE

Fuciade, Dolomiti

PREMESSA

Il Trentino è la mia grande passione, accanto naturalmente alla *Heimat* sudtirolese, sia perché da anni lo "misuro" in lungo e in largo a piedi, in bici o in automobile, sia perché in questa terra affondano le radici di una parte della mia famiglia: la nonna era originaria della Val di Non, mia madre è nata e cresciuta nelle campagne vicino a Riva. Tra i miei ricordi d'infanzia più belli rientrano sicuramente le estati trascorse da quelle parti, a contatto con l'ostico dialetto trentino, almeno per me che parlavo il tirolese, con le ricette più strane come le alborelle fritte con la polenta, ma anche con le puzzolenti sigarette di trinciato autoprodotto che zio Quirino si rollava a mano.
Se state sfogliando questo libro, probabilmente è perché anche voi pensate che il Trentino meriti di essere conosciuto meglio. Permettetemi allora di accompagnarvi alla scoperta della cucina tipica regionale, tanto varia quanto la terra che rappresenta. Seguitemi nella visita alle città storiche, ricche di monumenti artistici e di vita pulsante, ai vecchi e pittoreschi paesi, all'ambiente quasi mediterraneo dell'Alto Garda, ai vasti altopiani di Luserna e Piné, alle malghe delle valli di Fiemme e di Fassa, lungo i sentieri che solcano le Dolomiti e il gruppo di Brenta, tra i vigneti e i frutteti che ammantano i versanti assolati delle valli dell'Adige e di Cembra. Ovunque troverete osterie, malghe e trattorie che servono piatti tradizionali. Ho visitato personalmente tutti i locali presentati in queste pagine e ciascuno di essi soddisfa almeno uno dei seguenti criteri: è il punto di partenza o di arrivo di appaganti escursioni, è situato in posizione panoramica, propone una buona cucina o un ambiente particolare, è raggiungibile in automobile e in genere è aperto tutto l'anno o quasi.
Sperando che vorrete mettere presto alla prova qualcuno dei miei suggerimenti, vi auguro buon divertimento e, soprattutto, buon appetito!

Oswald Stimpfl

LA CUCINA TRENTINA

In Trentino la cucina è una riuscita alchimia tra le pietanze tipiche della tradizione rurale di montagna e i piatti leggeri dell'Italia mediterranea. Accanto a specialità locali come gli strangolapreti o la carne *salada* si trovano immancabilmente piatti di pasta tratti dal classico ricettario italiano. L'offerta gastronomica riflette altresì la vicinanza all'Alto Adige e la plurisecolare appartenenza della regione alla corona asburgica: praticamente non esiste menu tipico che non annoveri speck, *Gulasch*, canederli, crauti e strudel tra le sue proposte.

Ogni zona, inoltre, ha le sue proprie specialità e ogni ricetta tradisce negli ingredienti il forte legame con la tradizione: l'inconfondibile aroma dell'olio di oliva del Garda, la farina di mais giallo-arancio che rende unica la polenta di Storo, nella valle del Chiese, la varietà di formaggi come la Tosella del Primiero, la Spressa della Val di Sole, il Puzzone di Moena e il Vezzena di Lavarone, oppure ancora i salumi, come la rinomata *lucanica*, dalla ricetta che varia di paese in paese, le *mortandele* della Val di Non o la soppressa del Trentino orientale. Se si conosce l'importanza che gli italiani attribuiscono a una cucina curata, non desterà meraviglia che anche in minute e riposte osterie ci si ritrovi al cospetto di un'offerta di qualità superiore e di chef di rango. Forse, diversamente dall'Alto Adige, in molti di questi locali non vengono servite pietanze calde a tutte le ore del giorno. In Trentino ci si siede a tavola solo a mezzogiorno e la sera, ma allora il pasto è completo e servito con tutti i crismi; al di fuori di tali orari, invece, le cucine rimangono chiuse.

Quello che si è detto sul cibo vale anche per i vini: alle marcate differenze territoriali corrispondono prodotti e metodi di vinificazione altrettanto diversificati. Teroldego, Marzemino, Nosiola e Groppello sono solo alcuni dei vitigni autoctoni da cui si ottengono grandi vini. Ecco il perché della sorprendente varietà di ineccepibili bianchi, rossi o passiti capaci di soddisfare appieno anche *gourmet* più esigenti.

GLOSSARIO

Di seguito sono elencati i termini della cucina e della cantina trentine ricorrenti nel volume, oltre a quelli di altre pietanze tipiche che potrete incontrare nei menu locali e alcune espressioni della tradizione culinaria tirolese.

Achillea — Erba di montagna dal sapore tondo impiegata per aromatizzare la grappa.

Ambleta — *Omelette*

Asperula — Erba dal sapore dolciastro utilizzata per aromatizzare la grappa.

Bresaola — Carne magra di manzo essiccata all'aria, servita in fette sottili.

Bruscandoli — Germogli di luppolo selvatico, vagamente simili nel gusto e nella forma agli asparagi, usati per gnocchi, zuppe e risotti o serviti come verdura.

Canederli — Simili ai *Knödel* tirolesi ma con salame o salsiccia al posto dello speck e conditi con burro fuso e parmigiano.

Carne *salada* — Carne magra di manzo salmistrata, servita in fette sottili, cruda o cotta.

Carpaccio — Può essere di carne, di pesce o di verdura, tagliate a fette sottili e servite perlopiù crude e marinate.

Casada — Piatto contadino del Trentino orientale a base di polenta, ricotta e panna.

Casaria — Condimento salato da spalmare sul pane, preparato con ricotta e panna montata.

Casolèt — Formaggio molle saporito, tipico della Val di Non.

Coppa — Insaccato di collo di maiale stagionato (ossocollo).

Cuccalar — Focaccia di pasta arricchita con latticello, tipica della Valle dei Mòcheni.

Farinelle — Erba selvatica simile agli spinaci.

***Formai* fritto** — Formaggio di malga fritto con vin bianco, uovo e latte – dorato e croccante.

Groppello — Raro vino rosso proveniente da vitigni autoctoni della Val di Non.

Gröstl — Rosticciata di patate e ingredienti vari come baccalà, pezzetti di arrosto, bocconcini di manzo, funghi o quant'altro.

Knödel — Specialità tirolese. Palle di pane raffermo bagnato nel latte, amalgamato con uovo, farina e pezzetti di speck, bollite; lo speck può essere sostituito da formaggio, spinaci o funghi.

Kropfn	Ravioli fritti, tipici della Valle dei Mòcheni, dai ripieni più diversi: formaggi, cappucci, patate o combinazioni di questi elementi.
Marzemino	Vino rosso dal sentore di violetta, ottenuto da vitigni della zona di Rovereto e Isera.
Molca	Pasta d'olive, scarto di frantoio. Nella zona del Garda è mescolata alla pasta di pane conferendole una consistenza vagamente gommosa. Il pane così trattato va a nozze con formaggi e insaccati.
Mortandele	Carne di maiale macinata, salata e aromatizzata con cui si formano delle palle schiacciate che vengono fatte asciugare e affumicare. Tagliate a grosse fette, si consumano crude o cotte.
Moscato	Uva nera, bianca o rosata generalmente impiegata per la produzione di vini dolci.
Mugo	Digestivo di color ruggine ottenuto dalle pigne giovani del pino mugo.
Peverada	Salsa piccante a base di pane grattugiato, pepe e formaggio, a volte anche midollo.
Polenta ***carbonera***	Polenta con salsiccia fresca e formaggio.
Polenta di patate	Purè di patate insaporito con speck e cipolla.
Puzzone	Saporito formaggio di malga delle Dolomiti trentine dalla scorza rossastra e odorosissima.
Radicchio dell'orso	Cicerbita alpina; erba selvatica trattata come gli spinaci o gli asparagi.
Ruta	*Ruta graveolens*; erba da cui si ottiene una profumata grappa verde chiaro ideale per i problemi di digestione.
Schlutzkrapfen	Mezzelune ripiene di spinaci, servite come i ravioli con burro fuso e parmigiano.

Schmarren	*Omelette* spezzettata e spolverata di zucchero. Nella versione "imperiale" (*Kaiserschmarrn*), all'impasto si aggiunge l'uva sultanina.
Smacafam	Specie di torta salata insaporita con salsiccia.
Smorun	Variante locale dello *Schmarren* (vedi sopra).
Spressa	Saporito formaggio a pasta dura.
Strangolapreti	Gnocchi di spinaci, conditi con burro, salvia e una spolverata di formaggio Grana. Sembra derivino il nome dal fatto che i partecipanti al Concilio di Trento ne fossero ghiotti al punto da ingozzarsi.
Strauben	Dolce tirolese a forma di spirale fatto con una pastella al lievito di birra, fritto nel lardo e guarnito con zucchero a velo e marmellata.
Stroboi	Stessa cosa dello *Strauben* di cui sopra.
Teroldego	Rosso corposo dal colore intenso. Si ottiene dai vitigni della Piana Rotaliana a nord di Trento.
Tonco de pontesel	Antica pietanza della "cucina povera". Rondelle di salsiccia sono arrostite in padella; il grasso che lasciano sul fondo viene poi allungato con acqua, latte e farina per ottenere un intingolo da consumare con la polenta.
Tortel de patate	Torta salata fatta con patate grattugiate e farina, cotta in uno stampo nel forno oppure arrostita in padella.
Torta mora	Torta di cioccolato.
Torta *sbrisolona*	Torta secca di pasta frolla con mandorle o nocciole, spesso insaporita con acquavite.
Tosella (o *Toséla*)	Formaggio fresco, spesso cotto alla piastra e servito con la polenta.

Nella pagina seguente:
Lago di Garda

VAL DI SOLE E VAL DI NON

A Mezzocorona, superata la stretta della Rocchetta, la strada punta a nord ed entra in Val di Non. Più che una valle si tratta in realtà di un vasto e soleggiato altopiano, o meglio di un unico rigoglioso frutteto. Negli scorsi decenni la coltivazione delle mele è divenuta una delle voci economiche locali più importanti portando benessere nell'intera vallata. Questa è anche l'area più densamente popolata del Trentino. Il suo capoluogo è Cles. Le decine di roccaforti e castelli, molti dei quali ancora abitati, testimoniano il ruolo strategico rivestito in passato dalla valle sulla direttrice di transito tra il Tirolo e la

Veduta sulla Val di Non dal sentiero per Cima di Rocca Piana

Lombardia. Un'altra peculiarità della zona è rappresentata dalle decine di gole e *canyon* scavati dai torrenti nella roccia tenera, alcuni accessibili al pubblico, come la gola di Fondo. Un'altra gola è stata sommersa e trasformata in un enorme bacino trattenuto da una diga alta 100 m: oggi il lago di Santa Giustina costituisce un elemento imprescindibile del paesaggio locale.
La Val di Sole si estende da Cles al Passo del Tonale ed è bagnata dal fiume Noce, lungo il quale sorgono interessanti paesi. Il suo capoluogo è Malé. Una ferrovia a scartamento ridotto, la Trento-Malé, offre un'alternativa ecologica ai molti pendolari che si spostano ogni giorno dalla vallata al capoluogo della provincia. Dalla Val di Sole si diramano le valli di Pejo e di Rabbi, che devono la loro fama alle sorgenti di acque minerali.

1 BAITA VELON

In Val di Vermiglio, a soli 8 km dal Passo del Tonale e dal confine con la Lombardia, sorge la Baita Velon che, a dispetto della qualifica, si presenta come un bell'albergo di montagna immerso tra pascoli e macchie boschive. A pochi passi dalla casa si gode una vista eccezionale sulla Presanella (3556 m), la cui vetta incappucciata dalle nevi perenni è la più alta nel raggio di chilometri.

Mangiare | Bere

Mamma Iva sta ai fornelli dai tempi in cui l'albergo era ancora un'umile cascina, vale a dire ormai da vent'anni. Dalla cucina escono piatti tipici come la polenta con funghi, selvaggina o formaggio. Tra le specialità ricordiamo l'antipasto della casa con affettati assortiti, formaggi e funghi sott'olio. Pasta, pane, salsicce, speck, pancetta e bresaola sono fatti in casa.

Pernottamento

20 camere per complessivi 45 posti letto.

Come arrivare

Accesso da Velon, 3 km dopo Vermiglio in direzione del Tonale.

Attrattive e curiosità

- Per proteggere la Val di Vermiglio dagli attacchi italiani durante la Prima guerra mondiale, i soldati austriaci costruirono sulla linea del fronte diversi forti monumentali (Mero, Tonale, Strino, Saccarana, Presanella) dotati di artiglieria pesante e di obici. Le massicce costruzioni militari sono situate invariabilmente in ottima posizione panoramica; dopo tutto, dalle loro mura si doveva poter controllare e proteggere il territorio più vasto possibile!
- A Pellizzano, uscendo dalla valle, si trovano i trampolini per il salto con gli sci; gli anelli per lo sci di fondo passano invece quasi davanti alla Baita Velon, dove d'inverno alloggiano spesso squadre di atleti.

Escursioni

- Il sentiero 233, poi 206, conduce dalla Baita Velon al Rifugio Denza (2289 m). A metà strada si incontra il Forte Presanella, raggiungibile anche su strada carrozzabile sterrata. Dal Rifugio Denza parte la scalata alla Presanella. Ritorno per il sentiero 206. Tempo di percorrenza dalla baita al rifugio 3 ore, dislivello 1000 m.

Baita Velon
Velon
Via Pizzano 248
38029 Vermiglio
Tel. 0463 758279
E-mail: baitavelon@tin.it

180 distribuiti in varie sale; 40 sulla terrazza riparata da una grande tettoia.

Aperto tutto l'anno, tranne in ottobre; non ha giorno di riposo.

2 RISTORANTE LAGO DEI CAPRIOLI

Fazzon è una località incantevole, situata in una valletta semi-pianeggiante a pochi chilometri da Pellizzano, in Val di Sole e formata da un paio di case per la villeggiatura, alcune malghe, un romantico laghetto e la nostra meta: il Ristorante Lago dei Caprioli (1295 m). Il Comune, che ne è proprietario, ha sapientemente ristrutturato il vecchio chalet che sorgeva prima al suo posto. Al piano inferiore c'è il bar; il piano superiore ospita invece il ristorante arredato in maniera semplice ma con molto gusto.

Mangiare | Bere

La proposta gastronomica s'inserisce nel solco della cucina rurale trentina, e in particolare della "cucina solandra". In tavola arrivano carne *salada*, insalata allo speck, strangolapreti, gnocchi con erbette selvatiche, minestra d'orzo, pappardelle ai funghi, selvaggina, agnello e, come dessert, torte e dolci fatti in casa.

Come arrivare

Strada asfaltata da Pellizzano (3,5 km).

Attrattive e curiosità

- Un luogo così bello non poteva rimanere sconosciuto, e infatti qui capita raramente di essere da soli. La folla è particolarmente numerosa in estate e nei giorni festivi, quando grandi e piccini prendono d'assalto i prati e le aree attrezzate per il picnic (le toilette del ristorante sono accessibili al pubblico). Si può pescare da maggio a settembre. La sera il lago è illuminato!
- A Pellizzano si raccomanda la visita alla chiesa gotica di S. Maria, un gioiello dell'arte sacra. Pregevoli affreschi dei famosi fratelli Baschenis decorano l'edificio sia all'interno che all'esterno. Degne di nota sono anche le cancellate in ferro battuto finemente lavorato, gli altari intagliati e dorati, le pale e i reliquiari.

Escursioni

- Passeggiata lungolago, pianeggiante, 20 minuti.
- Il Lago dei Caprioli è raggiungibile anche a piedi. Da Ossana si imbocca la strada carrozzabile per Fazzon. Il sentiero (segnalato) parte da una curva vicino a una piccola cascata; più avanti si immette nella strada proveniente dalla Val di Piana e in circa 1 ora conduce al lago. Al ritorno è possibile seguire un percorso alternativo: presso le ultime case di villeggiatura situate nel punto in cui la vecchia strada per Fazzon incrocia quella per la Malga Alta, sulla sinistra parte il "Sentiero delle vie vègie" diretto a Pellizzano. Andata e ritorno 2 ore, dislivello 300 m.

Chalet Lago dei Caprioli
Fam. Caterina Delpero e Silvano Vegher
Loc. Fazzon 53
38020 Pellizzano
Tel. 0463 751112

70 all'interno;
25 sulla terrazza con vista lago.

Aperto tutto l'anno;
novembre chiuso.

3 RISTORANTE ANTICA OSTERIA

Là dove la Val di Sole si biforca nella Val di Vermiglio da un lato e nella Valle di Pejo dall'altro, a 1000 m di altitudine sorgono il paese di Ossana e la nostra meta, l'Antica Osteria. Mariano Dell'Eva ha ristrutturato e ampliato una vecchia casa imprigionata nel labirinto di viuzze dell'abitato; ora vi gestisce questo piccolo ma buon ristorante, coadiuvato dalla moglie Roberta e dalla figlia Federica. Il fatto che Mariano insegni alla scuola alberghiera si nota subito esaminando il menu e la carta dei vini, ma anche gli arredi e gli accessori del locale.

Mangiare | Bere

Raffinati gli antipasti, ottimi i primi come il risotto con erbette selvatiche, gli gnocchi di ricotta con erba cipollina o le *crêpes* con il *Casolèt* (formaggio locale). I secondi comprendono stracotto di cervo al Teroldego, filetto di maiale in *saor*, formaggio alla griglia, filetto di puledro all'arancia. La proposta gastronomica segue il ritmo delle stagioni; erbe aromatiche e verdure provengono in buona parte dall'orto di casa. Come dessert si possono gustare delle deliziose tortine alle noci o al cioccolato servite tiepide. Notevole la carta dei vini, con etichette selezionate, non solo trentine!

Come arrivare

Vicino alla chiesa di Ossana.

Attrattive e curiosità

- A Ossana gli Asburgo eressero un imponente monumento ai caduti. Durante la Prima guerra mondiale, lungo il fronte con la Lombardia italiana, a ovest del paese, infuriarono intensi scontri, ma le posizioni dei rispettivi contendenti rimasero pressoché invariate; la guerra venne infine decisa altrove, lontano da quei campi di battaglia. Tra il 1915 e il 1917, nel cimitero di Ossana trovarono sepoltura oltre 1400 caduti austriaci.
- L'imponente castello di S. Michele, in grigia pietra granitica, domina da una rupe ai margini dell'abitato di Ossana. Il maniero ha una storia movimentata. Edificato nel XII secolo dai principi vescovi di Trento, fu saccheggiato ripetutamente: prima dai contadini durante le rivolte del XVI secolo, poi dai veneziani penetrati dal Passo del Tonale e infine dai francesi durante le guerre napoleoniche. Bertha von Suttner, Premio Nobel per la pace, fu comproprietaria del castello intorno al 1900. Nella Prima guerra mondiale vi si insediò il Comando austriaco. Oggi il complesso è di proprietà della Provincia Autonoma di Trento, attualmente impegnata a ristrutturarlo per renderlo accessibile al pubblico.

PARCO NAZIONALE DELLO STELVIO

NATURA
TRADIZIONE
CULTURA

Prenotazioni, informazioni e richieste di materiali presso:
Consorzio Parco Nazionale dello Stelvio
Settore Trentino

Ufficio di Malè: via Ugo Silvestri 16 38027 MALE' (TN)
Telefono 0463 903046 - Fax 0463 903047
www.stelviopark.it - info.tn@stelviopark.it

Centro Visitatori di Rabbi
Località Rabbi Fonti 38020 RABBI (TN)
Telefono e Fax 0463 985190

Centro Visitatori di Peio
Via Roma 28 38024 COGOLO DI PEIO (TN)
Telefono e Fax 0463 754186

Escursioni a piedi e in bicicletta

- Una pista ciclabile segnalata collega Mostizzolo, all'imbocco della Val di Sole, con il paese di Ossana. Il variegato percorso lungo 40 km e chiuso al traffico costeggia l'impetuoso fiume Noce, attraversa prati, campi e frutteti e si addentra in paesi e villaggi. Chi è stanco può fermarsi a una delle piccole stazioni della ferrovia a scartamento ridotto e caricare la bici sul treno. A tratti raccomandabile anche come percorso pedonale.
- Da Ossana un bel sentiero conduce nell'amena Val di Piana, da dove si ammira in lontananza il gruppo dell'Ortles-Cevedale con il Monte Vioz (3645 m). Il Monte Giner (2955 m), un contrafforte del gruppo della Presanella che si staglia in cima alla valle, è invece così vicino che sembra di poterlo toccare con un dito.

Ossana

Ristorante
Antica Osteria
Via Venezia 11
38026 Ossana
Tel. 0463 751713

30 all'interno.

Aperto tutto l'anno, nei weekend a mezzogiorno e la sera, durante la settimana solo la sera; è gradita la prenotazione. Chiuso il mercoledì, tranne in alta stagione.

4 HOTEL CEVEDALE

La Valle di Pejo si stacca dalla Val di Sole all'altezza di Ossana e si spinge nel cuore del gruppo dell'Ortles-Cevedale. In questo ambiente di rara suggestione sorge il capoluogo di Cogolo con l'Hotel Cevedale. Il rinomato locale è gestito da oltre cent'anni in maniera ineccepibile dalla famiglia Monari: Gianna e Giuseppe sono i sovrani della cucina, Sandra dirige le operazioni in ufficio, Enzo è il sommelier. Da ogni angolo trapela il gusto per il connubio fra antica tradizione e moderna ospitalità. Delle due sale da pranzo, una è riservata agli ospiti dell'albergo.

Mangiare | Bere

A guardare le prelibatezze che escono dalla cucina, si stenta a credere che Gianna, la cuoca, sia laureata in geologia. Un paio di ricette, tanto per gradire: crostini al lardo o con petto d'oca affumicato, pasta fatta in casa con ragù di selvaggina, gnocchi con ricotta di capra, canederli con farina di grano saraceno, costolette di cervo con mele alla grappa, polenta con arrosto di capriolo e funghi, filetto di trota (pescata nel fiume Noce) e, per finire in dolcezza, torte assortite.

Eccezionale la carta dei vini, che spazia da vini semplici ma buoni ad alcune etichette di prim'ordine, concentrandosi soprattutto sul Trentino e sull'Alto Adige. Qui si può degustare anche il Groppello, un vino particolare della Val di Non.

Pernottamento

65 posti letto in camere estremamente accoglienti e confortevoli.

Come arrivare

L'albergo è ubicato nel centro di Cogolo, in Valle di Pejo.

Attrattive e curiosità

- Alcuni tratti della Valle di Pejo rientrano nel Parco Nazionale dello Stelvio. All'ingresso dell'abitato di Pejo, l'Amministrazione del Parco ha istituito un Centro visitatori e un parco faunistico che permette di osservare da vicino cervi e caprioli. I bambini hanno a disposizione strumenti interattivi per imparare divertendosi. Nelle vicinanze del Centro visitatori si può ammirare un antico mulino per i cereali. Informazioni: tel. 0463 754186
- Come di consuetudine in Val di Sole, il campanile di S. Giorgio a Pejo è staccato dall'edificio di culto. La sua particolarità è rappresentata dall'enorme affresco di S. Cristoforo e dagli stemmi dei conti di Tirolo e del principe vescovo di Trento, Johann Hinderbach, realizzati dai fratelli bergamaschi Baschenis nel 1484.

Escursioni

- Da Pejo al Dosso di San Rocco, quindi lungo il sentiero 105 che conduce al Rifugio Mantova. Traversata in costa sul sentiero 127 fino alla centrale elettrica di Malga Mare (2031 m; raggiungibile anche in automobile su strada sterrata da Cogolo). Il sentiero 102 giunge infine al Rifugio Larcher (2608 m). Tempo di percorrenza per questo tratto 3-4 ore. Dal rifugio si imbocca il sentiero 123 che, dopo avere toccato diversi laghi alpini, ritorna alla Malga Mare e a Pejo. Tempo totale di percorrenza 7-8 ore, dislivello 1029 m, con possibilità di ridurre notevolmente la camminata recandosi in automobile fino alla Malga Mare.

Hotel Cevedale
Fam. Monari
38024 Cogolo di Pejo
Tel. 0463 754067
www.hotelcevedale.it

30 posti distribuiti nelle accoglienti sale in cui abbondano le rifiniture in legno.

Aperto tutto l'anno, tranne maggio e novembre. Non ha giorno di riposo.

5 RISTORANTE AL CERVO

La Val di Rabbi, una laterale della Val di Sole, si dirama da Malé e punta a nord verso i tremila delle valli d'Ultimo e Martello. Il boscoso solco vallivo si allarga leggermente in località San Bernardo. Sul versante assolato stanno abbarbicate le case di Piazzola e gruppi di masi sparsi; nel borgo di Masnovo, poco prima dello stabilimento termale Fonti di Rabbi, si incontra la lunga costruzione rustica che ospita il Ristorante Al Cervo. La famiglia Masnovo ha ristrutturato la vecchia baita anni or sono trasformandola in un gradevole locale. Dopo aver conseguito il diploma alla scuola alberghiera, il figlio Matteo dà manforte in cucina contribuendo ad accrescere il buon nome del ristorante. Se volete essere sicuri di trovar posto, specialmente nei weekend è meglio prenotare.

Mangiare | Bere

Matteo lavora in cucina fianco a fianco con la madre Giovanna, mentre la sorella di Giovanna, Lucia, serve ai tavoli. La specialità della casa è la torta di patate (una sorta di schiacciata a base di patate grattugiate, insaporite con vari ingredienti e cotte al forno) accompagnata da affettati, fagioli e cappucci. Assai graditi sono anche l'antipasto rustico con prosciutto di cervo e i crostini con funghi e formaggio. La pasta è fatta in casa.

Come arrivare

Il ristorante è ubicato nella frazione di Masnovo, al km 11 sulla strada da Malé a Fonti di Rabbi.

Attrattive e curiosità

- Delle terme che resero celebre questa vallata rimane ben poco da vedere. Le acque minerali curative vengono captate da appositi impianti e offerte solo agli ospiti dello stabilimento di cura.
- Lungo il torrente che scorre nelle vicinanze del centro termale si può vedere una vecchia segheria veneziana ancora funzionante: una ruota azionata dall'acqua muove la sega fissata su un telaio verticale. Con un movimento dall'alto in basso e viceversa, la lama ritaglia assi dal tronco adagiato su un carrello mobile che avanza in orizzontale. Accesso gratuito.
- In località Somrabbi è stato allestito un piccolo museo dedicato all'arte casearia. Vi sono esposti attrezzi utilizzati nelle malghe dei dintorni ai tempi in cui il formaggio preparato durante l'estate veniva portato a valle solo in autunno.

Escursioni

- Una gradevole passeggiata con fondo ghiaioso costeggia il torrente Rabbies da San Bernardo a Masnovo; la sua manutenzione è affidata all'Amministrazione del Parco Nazionale dello Stelvio (Centro visitatori di Rabbi, tel. e fax 0463 985190). Andata e ritorno 1,5 ore, dislivello irrilevante.
- Escursione di una giornata al Lago Rotondo, sulle isolate propaggini meridionali del Cevedale: da San Bernardo in automobile lungo la Valle di Valorz fino al parcheggio dell'area picnic, quindi a piedi fino al lago adagiato in una conca a 2500 m di quota. Ritorno uguale all'andata. Tempo totale di percorrenza 5-6 ore, dislivello 1250 m.

Ristorante Al Cervo
Fam. Masnovo
Masnovo 76
38020 Rabbi Terme
Tel. 0463 985155

60 all'interno.

Aperto tutto l'anno.
In bassa stagione chiuso il lunedì.

6 LOCANDA SAN MARTINO

La Val di Sole si dirama poco a nord di Cles, il capoluogo della Val di Non, e punta verso occidente. La sua denominazione tedesca Sulzberg (montagna del Sulz) deriva presumibilmente dal nome tedesco del torrente Noce (Nuz o Ulz). Presso il ponte all'inizio del profondo solco vallivo sorgeva anticamente una "casa del dazio" da cui deriverebbe invece il toponimo Mostizzolo (ted. musst du zahlen, devi pagare). Un chilometro dopo Mostizzolo, sul versante sud della valle, si trova il borgo di Cavizzana con la Locanda San Martino, una costruzione recente con interni in stile rustico.

Mangiare | Bere

Lo chef Fabrizio, cuoco diplomato, è un tipo allegro e gioviale, a dispetto della sua figura imponente e della folta barba che gli incornicia il volto. Il suo punto di forza sono i prodotti naturali e caserecci: salumi, soppressa, speck, ossocollo, giardiniera di verdure, cui si aggiungono carne *salada*, grana trentino e formaggio di capra di produzione propria. Come primo si possono gustare gnocchi o agnolotti di ricotta e spinaci, come secondo carne di vitello, capretto e puledro rigorosamente dall'allevamento dell'azienda. I vini provengono tutti da cantine trentine.

Pernottamento

4 camere con 8 posti letto.

Come arrivare

La locanda è situata a Cavizzana.

Escursioni

Un sentiero si snoda da Cavizzana verso ovest lambendo il bosco; più in basso e parallelamente corre una pista ciclabile. Presso la Baita Ragazzi (buon posto di ristoro) il Comune di Malé ha allestito un'area attrezzata per i bambini; sul prato disseminato di larici sono sistemati una fontana, tavoli e panche. Ritorno lungo la pista ciclabile. Tempo totale di percorrenza 1 ora, dislivello trascurabile.

Attrattive e curiosità

- La Trento-Malé è una ferrovia a scartamento ridotto che attraversa la Val di Non per poi piegare in Val di Sole. Nel corso del tempo è stata ammodernata, elettrificata e negli ultimi anni perfino prolungata di un bel tratto. Il fischio del locomotore, che ricorda il muggito di una mucca, è valso a questo trenino l'appellativo di "vacca nonesa". La fermata a richiesta di Cavizzana non è situata in paese, ma in prossimità della strada statale.
- A poca distanza dalla stazione si erge Castel Caldés, rimarchevole costruzione con tetto di scandole, una bassa torre rettangolare, una torre circolare, pregevoli sale e una cappella che conserva frammenti di affresco con gli stemmi delle famiglie Thun e Madruzzo. Al maniero si lega la storia della contessa Elisabetta Marianna Thun che fu imprigionata nella "cella di Olinda", dove morì per le pene d'amore causate dall'opposizione paterna al suo legame con il menestrello Arunte (Giovanni Alfonso Bertoldi). Informazioni: tel. 0463 901334

Locanda San Martino
Fam. Fabrizio Franceschi
Cavizzana 31
38022 Cavizzana
Tel. 0463 900222

50 all'interno;
20 sulla terrazza.

Ristorante aperto solo la sera; la domenica anche a mezzogiorno, il sabato solo su prenotazione. Lunedì chiuso.

7 HOTEL MARGHERITA

Il borgo di Rumo è situato sul versante meridionale della catena delle Maddalene, al margine nord-orientale della Val di Non. Nei pressi della chiesa del paese sorge l'Hotel Margherita, recentemente ristrutturato e ampliato. Il fatto che questo indirizzo sia ancora escluso dai grandi circuiti turistici rappresenta un indiscutibile vantaggio per coloro che amano la cucina tipica e un ambiente tranquillo e rilassato.

Mangiare | Bere

In cucina, la signora Marta e il figlio Andrea perpetuano la tradizione gastronomica locale votata alla semplicità e al sapore. Molti i prodotti di origine casereccia, come le *lucaniche* e lo speck. Apprezzabili le frittelle di patate, servite con gli affettati. A seconda della stagione arrivano in tavola anche asparagi, funghi e castagne. I vini, compresi quelli sfusi, provengono per la maggior parte da cantine trentine.

Pernottamento

45 posti letto in 20 camere accoglienti.

Attrattive e curiosità

- A Rumo, così come nei villaggi di Marcena e Mocenigo, non è difficile scorgere vecchie case con facciate insolitamente impreziosite da affreschi di grande valore artistico.
- In località Bresimo un sentiero segnalato conduce ai ruderi del castello di Altaguardia, restaurato e consolidato; il maniero troneggia sopra un poggio boschivo da cui si gode una vista impareggiabile sulla Val di Non.
- A Corte Inferiore sorge una chiesa consacrata a S. Ulderico, nome poco frequente in questa zona. All'interno dell'edificio di culto si ammirano pregevoli affreschi, opera della nota famiglia di pittori Baschenis.

Come arrivare

Rumo è raggiungibile da sud passando per Cles e da nord passando per Proves, località del tratto tedescofono della Val di Non.

Escursioni

- Al Monte Stubele: da Mocenigo in automobile per ca. 2 km lungo la Val Lavazzè. Il sentiero 134 sale fino al Passo Siromba (2407 m), antico valico che metteva in comunicazione con la Val d'Ultimo; si prosegue a destra lungo la cresta ghiaiosa fino alla bella vetta panoramica (2671 m). Indispensabile un passo fermo e sicuro! Andata e ritorno 5-6 ore, dislivello 1300 m.
- Vicino a una fontana nell'angolo nord-ovest di Mocenigo si scorge l'indicazione "Fonte ferruginosa"; il sentiero conduce a una solitaria sorgente nel bosco da cui sgorga un'acqua ad alto contenuto di ferro, chiaramente percepibile al gusto, che si ritiene possieda notevoli proprietà curative. Il prezioso liquido è ancora gratuito! Tempo di percorrenza 30 minuti, dislivello 150 m.

Hotel Margherita
Fam. Fedrigoni
Marcena
38020 Rumo
Tel. 0463 530531

160 all'interno, 20 sulla terrazza.

Aperto tutto l'anno, escluso il periodo da metà gennaio a metà febbraio. Giorno di riposo giovedì.

8 AGRITUR MASO TAFOL

Ai margini del bosco nei pressi di Cloz si apre un pianoro coltivato a frutteto; qui sorge l'agritur Maso Tafol, una costruzione a 900 m d'altitudine affacciata sulla Val di Non. I Clauser sono una famiglia di giramondo. Il nonno emigrò in America e svolse ogni sorta di mestiere prima di tornare in Trentino dove fu soprannominato Tafol, uomo dalle mille risorse. Seguendo le orme dell'avo, Bruno è emigrato all'età di 16 anni in Germania per poi raggiungere il Canada dove ha vissuto per una quindicina d'anni. Anche lui ha sentito l'esigenza di tornare a Cloz dove ha ristrutturato il maso costruito dal nonno un secolo prima.

Mangiare | Bere

Sulla tavola arrivano i piatti della tradizione trentina. Bruno, appassionato cacciatore, non fa mai mancare la selvaggina. Carne di maiale, di coniglio e di pollo, così come verdure e mele provengono dall'azienda agricola di famiglia in cui si allevano con metodi tradizionali anche pecore, capre e oche.

Pernottamento

6 camere e un appartamento per un totale di 17 posti letto.

Come arrivare

All'uscita sud dell'abitato di Cloz bivio per l'agritur sulla SS 42 (accesso asfaltato, 900 m).

Attrattive e curiosità

- Nella zona di Revò, Romallo, Cagnò e Cloz (la cosiddetta "terza sponda", con riferimento alla sponda settentrionale del lago di S. Giustina) sopravvive ancora un vitigno autoctono originale, il Groppello di Revò o, come lo chiamano da queste parti, *el Gropèl*. Il vino che se ne ricava è un prodotto per intenditori servito solo nei migliori ristoranti. A Revò si tiene ogni anno la Festa del Groppello. Informazioni: Iori Amerigo, tel. 0463 431023, vendita presso Marco Fellin, tel. 0463 432206
- A sud di Cloz sorgono due luoghi importanti per la storia della chiesa: a Sanzeno si consumò nel 397 il martirio di tre missionari cristiani per mano della popolazione locale. Sopra la cappella in cui furono seppelliti venne edificata intorno al 1500 una bella basilica. Il santuario di S. Romedio, nelle immediate vicinanze di Sanzeno, si erge su uno sperone roccioso racchiuso in una gola. La leggenda vuole che l'eremita, ritiratosi qui in preghiera e meditazione, usasse come cavalcatura un mansueto orso bruno. Un'ulteriore attrazione per i numerosi visitatori è rappresentato dalla vicina riserva di orsi bruni.

Escursioni

- Il Passo Brezer (1397 m) si trova sulla strada che collega Fondo con Proves. Dal valico parte un sentiero nel bosco, intervallato di tanto in tanto da un prato, che segue il crinale verso sud fino al Monte Ozol (1559 m); dalla cima la vista spazia fino alle Dolomiti! Andata e ritorno 3-4 ore, dislivello 150 m.
- Da decenni i campi di Cloz vengono irrigati con l'acqua captata dal torrente nei pressi dei *frari* (fucine) sotto Proves e deviata in un canale di 12 km che circoscrive il monte e raggiunge il paese. Da quando il canale è stato interrato, si può camminare agevolmente sulla sua traccia. Tempo di percorrenza 3 ore, dislivello irrilevante.

Agritur Maso Tafol
Clauser Bruno
Via Maso Tafol 7
38020 Cloz
Tel. 333 3655523
E-mail: masotafol@yahoo.it

36 nella sala con rustici tavoli in legno chiaro; altri 10 in giardino, all'ombra di un vecchio pero.

Il ristorante è aperto solo nei fine settimana. Gradita la prenotazione.

9 RIFUGIO REGOLE

"Le Regole" è il nome di un vasto e assolato altopiano che dal margine nord-est della Val di Non si estende fino alla catena della Mendola. Esso si riferisce all'antico codice che disciplinava l'utilizzo comune dei pascoli da parte dei contadini della zona. Da varie generazioni il Rifugio Regole, situato in una posizione particolarmente felice al limitare del bosco, è gestito con sagacia dalla famiglia Nesler.

Mangiare | Bere

Offerta all'insegna della cucina tipica casalinga: strangolapreti come primo, polenta con stinco di maiale arrosto o con formaggio come secondo; a fine pasto c'è quasi sempre una gustosa torta di mele. La verdura viene acquistata dai contadini, la carne dal macellaio del paese.

Come arrivare

SS 42, indicazione "Regole" all'altezza di Ronzone. Dopo 2,5 km su strada asfaltata si è giunti a destinazione.

Attrattive e curiosità

Il centro storico di Fondo, capoluogo dell'alta Val di Non, vanta numerosi palazzi signorili, alcuni dei quali pregevolmente affrescati. Sulla facciata di casa Bertagnolli si può ammirare una rappresentazione della guerra di Troia, raro soggetto profano, realizzato da Bartlmä Dill Riemenschneider, pittore tedesco vissuto nell'Oltradige, figlio del celebre Tilman. Gli affreschi di S. Giacomo ricordano invece una pestilenza che decimò la popolazione locale. I superstiti mantennero il loro voto e si recarono in pellegrinaggio a Santiago de Compostela. In segno di riconoscenza per la grazia ricevuta commissionarono gli affreschi in onore del santo visibili in paese.

Escursioni

- Davanti al paese di Fondo si apre il solco scavato dal rio Sass, un *canyon* umido e angusto in cui si inoltra un sentiero attrezzato (a pagamento) che parte dal centro dell'abitato. Tempo di percorrenza 1 ora. Interessante programma di iniziative per i bambini.
- Dal Rifugio Regole parte un bell'itinerario panoramico (segnavia 514): un comodo sentiero attraverso boschi e prati raggiunge il Bait del Prinz (1500 m); con pendenza un po' più accentuata sale quindi in cima al Monte Macaion (1866 m). Ritorno al Bait del Prinz lungo il sentiero 512 per il Penegal (1737 m), quindi lungo il sentiero 508. Tempo totale di percorrenza 4-5 ore, dislivello 650 m.

Ristorante Rifugio Regole
Regole
38010 Sarnonico
Tel. 0463 870114

35 nelle due sale in stile rustico; altri 30 ai semplici tavoli con panche sistemati all'esterno.

Aperto tutto l'anno. In bassa stagione chiuso il lunedì pomeriggio.

10 ENZIANHÜTTE

Il Passo della Mendola (1363 m) mette in comunicazione il territorio dell'Oltradige, in provincia di Bolzano, con la Val di Non in Trentino. La giogaia della Mendola è da sempre il rifugio estivo degli abitanti della zona di Caldaro, molti dei quali possiedono pascoli e malghe sulle sue pendici. Una di queste è stata trasformata nella Enzianhütte, un locale per gitanti situato sul confine linguistico e provinciale fra Trento e Bolzano. Anche se la casa si colloca geograficamente in Trentino, lo spirito e il menu di Paul ed Emma Psenner sono assolutamente tirolesi.

Mangiare | Bere

Offerta culinaria ispirata al Tirolo: canederli tradizionali, tris di canederli con burro e salvia, *Schlutzkrapfen* (mezzelune con ripieno di spinaci), *Gulasch*, piatto tirolese con affettati misti e, per finire, strudel di mele.

Come arrivare

Accesso su stradina sterrata e leggermente dissestata dal Passo della Mendola (1 km). Meglio parcheggiare al passo e recarsi al rifugio a piedi lungo il sentiero che la costeggia (mezz'ora).

Attrattive e curiosità

Il Penegal (1737 m), uno dei punti più elevati della giogaia della Mendola, è raggiungibile in automobile dal passo omonimo lungo una stradina asfaltata o a piedi sul sentiero 512. Mentre le sue pendici prative occidentali digradano dolcemente verso valle, a est le pareti rocciose precipitano a perpendicolo per oltre 1000 m. Vista impareggiabile dalla piattaforma panoramica sulla vetta.

Passo della Mendola

Escursioni

La Enzianhütte si trova sulla strada per il Roen (2116 m), uno dei rilievi panoramici più belli della zona, attraversato dal confine tra le province di Trento e Bolzano. Dal Passo della Mendola si procede agevolmente per 1 ora fino al simpatico Rifugio Mezzavia/Halbweghütte (1594 m); dopo altri 45 minuti di cammino si arriva alla Malga Romeno (1773 m) adagiata in un avvallamento ai piedi della vetta. Proseguendo tra i pini mughi e poi tra i pascoli per un'oretta si conquista la vetta tondeggiante, con magnifico panorama a 360°.
Il tracciato dalla Mendola al Roen fa parte del "Sentiero Italia", un lungo itinerario che attraversa l'intera penisola.

Enzianhütte
Fam. Psenner
Via Monte Roen 1
38010 Mendola
Tel. 0471 632182

70 , distribuiti in due *Stuben*;
40 in giardino.

Aperto da maggio a Ognissanti; in caso di maltempo, assicurarsi dell'apertura con una telefonata. Non ha giorno di riposo.

11 BAITA SETTE LARICI

Sulla sinistra orografica della Val di Non, una fitta trama di frutteti, interrotta qua e là da lindi paesi, ricopre la fascia inferiore dei monti, mentre più su le verdi macchie di bosco e prato si estendono verso i rilievi della Mendola e del Roen: si tratta dunque di una zona ideale per la villeggiatura. In mezzo ai magnifici boschi di larici presso Sfruz si aprono vaste radure erbose. Sul limitare del bosco, a circa 1200 m di quota, sorge la popolare Baita Sette Larici (anche se gli alberi che le si stringono attorno sono molti di più...). Il locale è gestito con entusiasmo e competenza dalla famiglia Nardelli.

Mangiare | Bere

Renato Nardelli non è solo cuoco ma anche cacciatore appassionato. Basta dare un'occhiata al menu con i suoi promettenti arrosti di capriolo, di cervo, di camoscio o di lepre. Le lasagne sono condite con ragù di lepre, le pappardelle con sugo di selvaggina, il ripieno dei tortelloni è di carne di cervo. Se la fame è insopportabile, si può ordinare intanto il piatto di affettati che include *lucanica* e salami di selvaggina, oppure la carne *salada* accompagnata dal pane con la *molca* (pasta di olive) fatto in casa.

Come arrivare

Accesso su comoda strada asfaltata da Sfruz (2,5 km).

Vervò, vicino a Sfruz

Attrattive e curiosità

I vasai e i fumisti di Sfruz erano maestri nella realizzazione di bellissime formelle di maiolica smaltata che andavano a decorare le stufe "a olle". La maggior parte delle pregevoli stufe che ancora oggi possiamo ammirare nei castelli e nelle residenze signorili del Trentino e dell'Alto Adige proviene proprio dalla Val di Non. Per saperne di più consigliamo *L'arte del calore*, un bel volume illustrato di Memmo Caporilli (ed. Edit).

Escursioni

La Baita Sette Larici è il punto di partenza del sentiero 501 che si dirige alla Malga Vecchia di Coredo (1624 m) attraversando luminosi boschi di larici e di pini silvestri. Se si preferisce un lungo itinerario circolare basta seguire il sentiero 501 fino alla sommità del Roen (2116 m), scendere alla malga omonima (buon posto di ristoro), proseguire per il sentiero 537 fino alla chiesetta nei pressi della Malga di Sanzeno e infine prendere il sentiero a sinistra che riporta alla Baita Sette Larici. Andata e ritorno fino alla Malga di Coredo 2 ore, dislivello 400 m; l'itinerario circolare passando per il Roen richiede 6 ore, dislivello 900 m.

Baita Sette Larici
Fam. Nardelli
Sette Larici
38010 Sfruz
Tel. 0463 536360
E-mail: settelarici@tin.it

100 all'interno; 150 all'esterno, in parte sotto una tettoia.

Aperto tutto l'anno, esclusi 20 giorni in gennaio. Chiuso martedì sera e mercoledì, tranne luglio e agosto.

VAL RENDENA E VALLI GIUDICARIE

La Rendena e le Giudicarie, situate nel lembo più occidentale del Trentino, ai confini con la Lombardia, sono ampie vallate glaciali con orientamento nord-sud caratterizzate da ambienti montuosi di rara bellezza. A ovest si stagliano le montagne più elevate del Trentino, i massicci granitici della Presanella e dell'Adamello (oltre 3500 m di altezza), con le cime coperte da imponenti ghiacciai. A est si delinea la bizzarra cornice rocciosa del gruppo di Brenta, con i suoi affusolati pinnacoli di chiaro calcare dolomitico che superano anche i 3000 m di altezza. Non sorprende affatto che questo territorio sia un'area protetta da quasi quarant'anni, conosciuta come Parco Naturale Ada-

Il Lago d'Idro visto da Bondone

mello-Brenta. La visita del parco e delle sue meraviglie è agevolata da centri informazioni, sentieri segnalati, escursioni guidate, cartine topografiche e opuscoli, norme speciali e limitazioni del traffico veicolare. Queste appartate valli montane offrono tra l'altro rifugio all'ultima colonia di orsi bruni delle Alpi.

Qui troviamo celebri località turistiche come Madonna di Campiglio o Pinzolo, dove il bel mondo è solito darsi appuntamento tanto d'estate quanto d'inverno. Sentieri, piste e impianti di risalita rendono accessibili le montagne a escursionisti e sciatori.

Il tratto inferiore delle Giudicarie, percorso dal fiume Chiese, avanza verso sud fino al lago d'Idro, dove già si colgono gli effetti del clima mediterraneo (sebbene non in maniera tanto marcata quanto sul vicino lago di Garda).

12 AGRITUR MALGA MONDIFRÀ

La strada dalla Val di Sole alla Val Rendena attraversava un tempo il valico sul margine orientale del Passo Campo Carlo Magno. La Malga Mondifrà, agriturismo semplice e caratteristico, sorge nel punto in cui i frati costruirono una stazione di sosta per i viandanti.

Mangiare | Bere

Perché rendere le cose più complicate del necessario? La Malga Mondifrà propone un menu fisso, tanto semplice quanto gustoso: antipasto di affettati misti e formaggi della casa, polenta servita sul tagliere e accompagnata da salsicce fresche alla griglia, cotolette, *Gulasch* o formaggio fuso; per finire ci sono i frutti di bosco con la panna (prodotta con latte della propria stalla). Il vino è il tipico Teroldego trentino della Piana Rotaliana cui si aggiungono un piccolo assortimento di etichette trentine e alcune buone grappe (Poli, Massenza).

Come arrivare

La strada di accesso (2 km; prima asfaltata, poi sterrata) parte dalla stazione di valle della funivia del Grostè, a nord di Madonna di Campiglio. Il locale è raggiungibile anche a piedi (30 minuti) percorrendo un sentiero lungo il margine del bosco che passa per uno stagno e un campo di golf.

Attrattive e curiosità

In quest'azienda si lavora sodo. Le mucche forniscono giornalmente circa 500 l di latte da trasformare in burro, ricotta e formaggi. Giungendo alla malga al mattino si può osservare il casaro all'opera: ogni giorno vengono preparate cinque forme di Spressa (formaggio semigrasso) da 9-10 kg l'una. Il formaggio è venduto direttamente ai turisti e agli escursionisti di passaggio, in prevalenza italiani.

Escursioni

Dalla malga parte il sentiero 334 che attraversa la Val Gelada e si dirige alla Bocchetta dei Tre Sassi (2614 m), nel cuore del Gruppo di Brenta. I rilievi del Sasso Alto (2890 m) e della Pietra Grande (2937 m) si stagliano maestosi contro il cielo. Ritorno uguale all'andata. Ascensione 3 ore, dislivello 990 m.

Agritur
Malga Mondifrà
Fam. Ivo Cicolini
38084 Pinzolo
Tel. 0465 440855 e
340 8660131

50 all'interno.

Aperto da giugno a settembre.
Non ha giorno di riposo

13 RISTORANTE CASCINA ZELEDRIA

Da Pradalago i monti digradano verso il Passo Campo Carlo Magno e a quota 1776 m formano un soleggiato terrazzamento erboso che ospita la Cascina Zeledria. Questo rinomato ristorante di montagna è aperto sia d'estate che d'inverno per accogliere i turisti che alloggiano negli alberghi della prestigiosa Madonna di Campiglio. Sul versante opposto della valle, così vicini alla terrazza del ristorante che sembra di poterli toccare, si innalzano i bastioni rocciosi del Gruppo di Brenta con le cime incappucciate dalle nevi perenni: Cima Tosa, Crozzon di Brenta, Cima Brenta, Campanile Alto, Torre di Brenta... La pista da sci di Pradalago passa poco sopra la casa; dopo la doverosa deviazione per rifocillarsi, gli sciatori vengono riaccompagnati in pista con il gatto delle nevi.

Mangiare | Bere

In tanti anni di gestione, Guido Artini e famiglia hanno costantemente migliorato la loro proposta gastronomica accrescendo la fama del locale. L'impronta è sempre quella della cucina tipica, ma non mancano raffinate variazioni sul tema come gli spiedini di porcini, le mezzelune con ripieno di funghi e speck, la zuppa di finferli (gallinacci). Molto apprezzate sono anche le "delizie alla piastra": carne e verdure che gli ospiti cuociono da soli sulla piastra calda sistemata in tavola. Come dessert ci sono frutti di bosco preparati in varie maniere e torte fatte in casa. Ampia scelta di vini, soprattutto trentini, ma con qualche interessante divagazione in altre regioni d'Italia.

Come arrivare

Strada di accesso asfaltata (1 km) direttamente da Passo Campo Carlo Magno, a nord di Madonna di Campiglio.

Attrattive e curiosità

Il nome di Passo Campo Carlo Magno ricorda il re dei Franchi che avrebbe superato questo valico quando, muovendo da Pavia verso Bergamo per combattere i Longobardi, proseguì la sua spedizione fino a Verona. A Carisolo, sul versante meridionale del passo, svetta solinga su un poggio la chiesa di Santo Stefano con affreschi realizzati dai Baschenis, famosa famiglia di pittori girovaghi. Uno di tali dipinti ritrae il re dei Franchi mentre, affiancato da rappresentanti del clero, battezza gli abitanti pagani della valle. Sotto di essa una scritta elenca minuziosamente i componenti del seguito reale: il papa, sette vescovi e quattromila soldati.

Escursioni

Al Lago delle Malghette con una bella passeggiata dalla Cascina Zeledria. Il sentiero 201, dapprima pianeggiante, conduce a un alpeggio disseminato di baite, poi comincia a salire verso il lago delle Malghette e il rifugio omonimo (1890 m). Ritorno per l'alta via 265 passando dalla stazione di monte della cabinovia Pradalago. Tempo di percorrenza 3-4 ore, dislivello 400 m.

Ristorante
Cascina Zeledria
Fam. Artini
Campo Carlo Magno 54
38084 Pinzolo
Tel. 0465 440303

100 all'interno, distribuiti su due piani; altri 100 sull'ampia e soleggiata terrazza antistante alla casa.

Aperto da dicembre a maggio e dal 20 giugno alla fine di settembre. Non ha giorno di riposo.

14 RISTORANTE CASCATA NARDIS

Il profondo solco glaciale della Val Genova si stacca dalla Val Rendena all'altezza di Carisolo e si estende per 17 km fino al grandioso scenario del Gruppo Adamello-Presanella. I numerosi tratti pianeggianti si alternano a ripide balze da cui il fiume Sarca e i suoi affluenti precipitano verso il basso formando spumeggianti cascate. Su un terrazzamento erboso all'inizio della valle troviamo il Ristorante Cascata Nardis, con formidabile vista sulla cascata medesima e con una propria centrale elettrica che ne sfrutta l'energia idraulica. La famiglia Fostini, da quasi cinquant'anni proprietaria della casa con ampia terrazza, propone una cucina all'insegna della tradizione locale.

Mangiare | Bere

Madre, figlia, figli e parenti si dividono i compiti in cucina e in sala da pranzo. Apprezzabili i primi: risotti, canederli e zuppe speciali, come la zuppa di riso. In tavola arrivano anche funghi e selvaggina, nonché trote fresche. La carta dei vini parla prevalentemente trentino.

Pernottamento

8 posti letto in 4 camere.

Come arrivare

Da Carisolo ai parcheggi situati prima della sbarra presso il Ponte Verde. Da qui al ristorante si può proseguire con bus navetta, con la propria automobile (pedaggio) oppure a piedi (15 minuti).

Attrattive e curiosità

Regina delle attrazioni locali è naturalmente la cascata di Nardis, alimentata dal ghiacciaio della Presanella. Le masse d'acqua compiono un salto di oltre 100 m, diffondendo un'eco tonante e nuvole di spruzzi che brillano al sole. La terrazza del ristorante equivale a un posto in prima fila per assistere a questo entusiasmante spettacolo della natura.

Escursioni

Un'incantevole passeggiata costeggia il fiume lungo tutto il suo corso. Il primo tratto da Ponte Verde a Ponte Maria è quasi pianeggiante, poi ci si inerpica senza sosta fino a ca. 1600 m di quota. L'Amministrazione del Parco ha rinnovato il percorso dotandolo di passerelle e travi di legno, in alcuni punti anche di scale e corrimano. Tempo di percorrenza 3-4 ore. I ponti sul corso d'acqua permettono in qualunque momento di interrompere l'escursione e tornare al punto di partenza con il bus navetta. Un consiglio: se possibile, evitate i giorni festivi durante l'estate, quando il percorso è sovraffollato.

Ristorante
Cascata Nardis
Via Genova 1
38080 Carisolo
Tel. 0465 501454

80 all'interno; altri 20 sulla terrazza. Nel giardino con tavoli e ombrelloni si effettua solo servizio bar.

Aperto da aprile a novembre. In bassa stagione chiuso il mercoledì.

15 AGRITUR LA TRISA

Poco a sud di Pinzolo, capoluogo della Val Rendena, incontriamo il paese di Giustino e, ai margini del bosco che sovrasta l'abitato, l'Agritur La Trisa. La Val Rendena solca uno dei più suggestivi paesaggi montani delle Alpi: a est si elevano le candide torri calcaree delle Dolomiti di Brenta, a ovest le cime del Gruppo Adamello-Presanella che superano anche i 3500 m di altezza; Madonna di Campiglio è una stazione di punta del turismo invernale ed estivo.

Mangiare | Bere

La *trisa* è il cucchiaio di legno usato per rimestare la polenta nel paiolo. Il nome del locale è dunque un indizio inequivocabile del carattere tradizionale che il titolare Manuel e la cognata Ivana hanno voluto dare alla loro cucina: canederli o rotolo di patate alla trentina come primo; insieme alla polenta vengono serviti spezzatino di manzo, formaggio Spressa fuso o cotechino con i crauti. Tra le specialità della casa figura la torta di ricotta ed erbe. I dolci sono fatti in casa; lo stesso dicasi per gli insaccati, prodotti con carne di animali allevati in proprio. L'azienda agricola produce, confeziona e vende anche uno yogurt biologico.

Come arrivare

L'agritur è situato a Giustino (segnalato).

Attrattive e curiosità

- In una vecchia casa ristrutturata di Caderzone, località a sud di Pinzolo, trova posto il Museo della Malga con la sua collezione di attrezzi storici per la produzione di burro e formaggio: zangole, centrifughe, botti di legno, ciotole, forme e altro ancora. Informazioni: tel. 0465 804899
- A Pinzolo è situata la chiesa di S. Vigilio, di grande interesse storico-artistico. Il nucleo originario dell'edificio consacrato al patrono del Trentino risale all'anno 1000 e fu ampliato nel 1515. La *Danza Macabra* sulla parete sud e gli affreschi all'interno, tutte opere di Simone Baschenis, sono autentici gioielli dell'arte. Visite guidate gratuite tutti i giorni, tranne domenica mattina e lunedì, dalle ore 9.30 alle 11.30 e dalle 15.30 alle 17.30. Informazioni: tel. 0465 442000

Escursioni

- Una cabinovia e poi una seggiovia portano da Pinzolo al Doss del Sabion (2101 m). Un tracciato scende con pendenza moderata fino al punto panoramico della Madonnina, con vista sul sottostante Lago d'Agola nella valle omonima. Ritorno sul sentiero 307 superando il Passo Bregn de l'Ors, la Malga Bregn de l'Ors e il Rifugio Pra Rodont, situato nei pressi della stazione intermedia della cabinovia. Tempo di percorrenza 2-3 ore. Volendo si può continuare la discesa a piedi fino all'Agritur La Trisa (altri 30 minuti di cammino).

Agritur La Trisa
Fam. Cosi
Via A. Manzoni 50
38086 Giustino
Tel. 0465 501665

45 nell'accogliente sala in stile rustico, con stufa di maiolica; altri 20 nel giardino, in parte sotto le tende da sole.

Aperto da dicembre a maggio e da luglio a metà settembre. Giorno di riposo lunedì.

16 PIZZERIA RISTORANTE DOLOGNO

Le propaggini meridionali delle Dolomiti di Brenta formano ampie e soleggiate terrazze rivolte sulla Valle del Sarca. Tra i paesi di Stenico e Villa Banale, circondata dai frutteti, si trova la Pizzeria Ristorante Dologno (785 m). La famiglia Ferrari emigrò anni addietro in Inghilterra, dove sono nati e cresciuti i figli Laurence e Michael. Il primo ha studiato storia, il secondo ha frequentato la scuola alberghiera. Al loro rientro in Trentino, i Ferrari hanno aperto questo locale nel frattempo assai rinomato.

Mangiare | Bere

Lasciata alle spalle l'Inghilterra e i suoi ricordi, i gestori si dedicano oggi esclusivamente alla cucina locale con piatti rustici come gli strangolapreti, la polenta, la carne *salada*, ma anche con proposte più raffinate come i tortelloni ripieni di speck, noci, asparagi o radicchio. A fine pasto si può gustare talvolta un *pie* di mele caldo con frutti di bosco.

Come arrivare

La casa è situata sulla strada tra Stenico e San Lorenzo in Banale (1,5 km da Stenico).

Attrattive e curiosità

- Il Castello di Stenico, edificato dai principi vescovi di Trento, fu per secoli la sede giuridica e amministrativa delle Giudicarie. Il complesso fortificato, ben conservato, custodisce alcuni notevoli affreschi; oggi è di proprietà della Provincia Autonoma di Trento, che lo ha restaurato e adibito a museo aperto al pubblico. Informazioni: tel. 0465 702626
- Vicino a Stenico le acque della cascata Bianca che si infrangono sulle rocce sono ben visibili dalla strada. Un percorso didattico con partenza dal parcheggio presso il Centro visitatori permette di osservare da vicino questo affascinante spettacolo naturale.

Escursioni

- Da Stenico parte una ripida carrareccia (segnavia 346) che sale fino all'Arca di Fraporta, un arco naturale scavato nella roccia. Nelle vicinanze, in bella posizione panoramica sorge il Capitel della Spina. Il sentiero 347 aggira il fianco montuoso da ovest e ritorna al punto di partenza. Andata e ritorno 3-4 ore, dislivello 750 m

Pizzeria
Ristorante Dologno
Fam. Ferrari
Dologno
38070 Stenico
Tel. 0465 701761

70 all'interno; altri 30 in giardino sotto il pergolato.

Aperto tutto l'anno, tranne ottobre e tre settimane in giugno. In alta stagione aperto anche a pranzo, altrimenti solo la sera; in bassa stagione aperto solo di domenica e nei festivi. Chiuso il mercoledì; in agosto non ha giorno di riposo.

17 AGRITUR MASO MAROCC

Il fertile altopiano di Bleggio-Lomaso, con i suoi frutteti e i campi di ortaggi, si estende tra la Valle del Sarca a nord e il lago di Garda a sud. Sulla pendice soleggiata che domina il paese di Poia, a soli 3 km dalla stazione termale di Comano, sorge il bel Maso Marocc della famiglia Sansoni. La grande casa rustica, con lunghi ballatoi carichi di fiori, gode di una posizione aperta e quindi di una vista formidabile sul territorio circostante e sulle Dolomiti di Brenta.

Mangiare | Bere

Al carattere della costruzione fa eco l'offerta gastronomica di chiaro stampo tradizionale: strangolapreti, tagliatelle fatte in casa con sugo di funghi, carne *salada*, polenta con *Gulasch* di capriolo, coniglio arrosto o puntine. La verdura proviene quasi tutta dall'orto di casa; di produzione domestica sono anche le marmellate, i salumi, la coppa e la pancetta. Il vino, sia in caraffa che in bottiglia, è fornito senza eccezioni da cantine del Trentino.

Pernottamento

3 camere con 7 posti letto.

Come arrivare

Da Ponte Arche a Poia (3 km), quindi 900 m di stradina asfaltata fino al maso.

Agritur Maso Marocc
Fam. Tullio Sansoni
Poia
38070 Lomaso
Tel. 0465 702098

55 nelle sale rinnovate; altri 20 nel giardino antistante alla casa, parzialmente riparati dal sole.

D'inverno aperto solo sabato e domenica, d'estate tutti i giorni. Giorno di riposo lunedì.

Attrattive e curiosità

- Il potere curativo delle acque di Comano era noto già ai Romani. L'acqua sgorga a una temperatura costante di 27 °C. Le cure idropiniche praticate allo stabilimento termale sono indicate soprattutto contro le malattie croniche della pelle come la psoriasi. Il magnifico parco termale (14 ha di verde) è aperto a tutti e provvisto di aree attrezzate per i bambini. Informazioni: tel. 0465 702626
- Nei pressi di Fiavè si apre una vasta piana palustre che ha restituito resti di antichi insediamenti, tra cui diverse palafitte databili fino a 6000 anni addietro. Un percorso didattico accompagna alla visita del sito. Informazioni: tel. 0465 702626
- I Baschenis, famosa famiglia di pittori bergamaschi, operarono anche nella zona di Bleggio e di Lomaso. I loro affreschi custoditi nella chiesa dell'Assunta a Dasindo sono pregevoli esempi di pittura murale tardogotica.

Escursioni

- A est dell'altopiano di Bleggio-Lomaso si erge l'ampia dorsale boscosa del Monte Casale. Verso la Valle del Sarca, le sue pareti rocciose precipitano quasi a picco per oltre 1000 m. La vetta panoramica è raggiungibile senza fatica seguendo dapprima una stretta carrareccia che da Comano (619 m) conduce alla Malga Don Zio (1610 m, gestita nella stagione estiva) e poi il sentiero 411 che taglia le curve della strada anzidetta e prosegue fino alla sommità del monte (1632 m). Ascensione 2,5 ore, dislivello 1000 m.

18 ALBERGO RISTORANTE MIRAMONTI

Il Miramonti occupa una collina davanti all'abitato di Roncone. Fedele al proprio nome, offre una vista davvero superba. I prati pianeggianti invitano a stendersi al sole, il minigolf a una partita in tutto relax. Il gestore, Giordano Bazzoli, ha fondato un gruppo folcloristico dedito all'arte della preparazione della polenta che si "esibisce" alle feste campestri: la cottura avviene in un gigantesco paiolo di rame, al termine il contenuto viene rovesciato su un altrettanto enorme tagliere di legno per essere infine distribuito tra i presenti. Per preparare circa 2000 porzioni di polenta servono 500 l d'acqua, 150 kg di farina di granoturco, 100 kg di salsiccia fresca, 20 kg di parmigiano, 80 kg di Spressa (formaggio locale), sale, spezie e tanta forza per rimestare il tutto.

Mangiare | Bere

La famiglia Bazzoli gestisce il locale dagli anni '60. Oggi in cucina lavora il figlio Giordano, mentre sua moglie, la simpatica Gigliola, serve ai tavoli. Gli avventori apprezzano la cucina tipica di questo locale, abbondante e sostanziosa. Molti ingredienti sono di produzione casalinga, a cominciare dagli insaccati. Tra le varie proposte spiccano l'antipasto di affettati misti, la pasta fatta in casa, il risotto al "radicchio dell'orso", i funghi e la porchetta alla griglia o al forno.

Pernottamento

14 camere confortevoli per complessivi 24 posti letto.

Come arrivare

Accesso su strada asfaltata da Roncone (1,5 km).

Attrattive e curiosità

- A Bondo, pochi chilometri a nord di Roncone, su un'altura a bordo strada sorge un cimitero monumentale interessante sotto il profilo architettonico; esso onora la memoria di 697 soldati dell'impero asburgico caduti durante la Prima guerra mondiale. Una scala di granito conduce al monumento, mentre vari sentieri solcano il parco circostante. Le decine di croci con i nomi più disparati, a testimonianza del crogiolo di nazionalità che componeva l'impero, sono un monito contro l'insensatezza di tutte le guerre.
- Se la farina di mais usata per la polenta proviene dalla zona di Storo o dalla Valle del Chiese, allora si tratta di un prodotto di qualità superiore. La varietà di granoturco coltivata nella valle è di un giallo acceso e conferisce alla polenta un sapore e un colore particolarmente intensi.

Escursioni

- Dal ristorante si sale in automobile per poco meno di 2 km. Da qui comincia il sentiero che tocca la Malga Le Pozze (1694 m, posto di ristoro), la Malga Avalina (1970 m) e il Dosso dei Morti (2183 m, rilievo panoramico). Prima in cresta e poi tagliando il fianco montuoso si raggiunge la Malga Stabol Fresco (2078 m), per scendere quindi alla Malga Fraino (1588 m) e a Bondone di Sotto. Qui si imbocca il sentiero che piega a destra e riporta al parcheggio di partenza. D'inverno si può salire al monte lungo un itinerario sci-alpinistico. Tempo di percorrenza 4-5 ore, dislivello 850 m.

Albergo
Ristorante Miramonti
Fam. Giordano Bazzoli
Pozza 1
38087 Roncone
Tel. 0465 901108

130 distribuiti in varie sale.

Aperto tutto l'anno.
In bassa stagione chiuso il mercoledì.

19 RISTORANTE DA BIANCA

La Val di Daone muove dalla Valle del Chiese e si addentra nel Parco Naturale Adamello-Brenta che accoglie le vette più alte del Trentino. L'impetuoso fiume Chiese, alimentato dalle acque di fusione dei ghiacciai circostanti, anima questa valle in cui si trova anche il nostro ristorante – punto di partenza ideale per escursioni e indirizzo prediletto dagli amanti della buona e sana cucina tradizionale.

Mangiare | Bere

Bianca è il nome della titolare che gestisce questo locale da vent'anni. Oggi le fa compagnia ai fornelli la figlia Barbara, mentre il figlio Alessio si occupa del servizio ai tavoli. Il ristorante rustico è rinomato per la sua saporita cucina casereccia: funghi e selvaggina, lumache, cosce di rana impanate e tante erbe selvatiche come il *redic de prà* (radicchio di prato o dente di leone). Sono deliziosi anche i giovani e teneri getti del *redic de urs* (radicchio dell'orso o *Cicerbita Alpina*), una pianta che compare dopo il disgelo nelle zone umide a quote comprese tra 1500 e 2000 m. Tra i piatti di pasta spiccano i pizzoccheri (con farina di grano saraceno). La Spressa, il formaggio tipico locale, è servita alla griglia.

Come arrivare

6 km da Daone, nell'omonima valle che si diparte dalla Valle del Chiese.

Attrattive e curiosità

- Il Centro visitatori di Daone, articolato in diverse sezioni, è una miniera di informazioni sulla fauna, la geologia, la vita dei contadini di montagna e i funghi del Parco Naturale Adamello-Brenta. Informazioni: tel. 0465 674989

Escursioni

- Il sentiero che parte di fronte al Ristorante Da Bianca si arrampica fin dai primi metri. Giunti alla Malga Staboletto si imbocca il "Percorso tra le Malghe" e si sale fino alla Malga Stabolone (1682 m, punto di ristoro, splendida vista). Il tracciato, ora comodo e quasi pianeggiante, taglia il fianco montuoso in direzione est fino a Varasone (1442 m, punto di ristoro), quindi si fa nuovamente ripido per ritornare alla strada di valle e al nostro ristorante. Tempo di percorrenza 4-5 ore, dislivello 800 m.
- All'incirca a metà valle, poco prima del lago di Malga Boazzo, è stato allestito un comodo percorso storico-naturalistico. Partenza dai prati di Pracul, tempo necessario 3-4 ore. L'itinerario comprende diversi monumenti naturali, un ponte ad arco di pietra, il panoramico Dos de Manon con le trincee di guerra e la "grotta dei ciclopi". Quest'ultima è una roccia sporgente sotto la quale trovavano riparo i cacciatori dell'età della Pietra; oggi vi si trovano tavoli e panche per la sosta. Giunti alla semplice mostra geologica allestita sul prato di Gincanave, si è già sulla via del ritorno.

Ristorante Da Bianca
Fam. Bianca Nicolini
Vermongoi 1
38080 Daone
Tel. 0465 674704

100 distribuiti nelle sale in stile rustico.

Aperto tutto l'anno. In bassa stagione chiuso il mercoledì. Gradita la prenotazione.

20 ALBERGO RISTORANTE RIFUGIO LUPI DI TOSCANA

Il Rifugio Lupi di Toscana (1172 m) è adagiato tra i pascoli dell'altopiano di Boniprati, ai piedi degli imponenti massicci dell'Adamello. Costruito una quarantina di anni fa, esso porta il nome di una brigata dell'esercito italiano che qui combatté durante la Prima guerra mondiale subendo gravi perdite.

Mangiare | Bere

Tullia, regina indiscussa della cucina sin dal 1962, è famosa soprattutto per i piatti di selvaggina (capriolo, cervo, cinghiale); i suoi ospiti apprezzano però anche lo stinco di maiale, i funghi e le lumache. L'arrosto di maiale in salsa di noci, i tortelloni con ripieno di capriolo, le tagliatelle alla cacciatora e il risotto ai mirtilli neri sono una poesia per il palato.

Pernottamento

9 camere con complessivi 25 posti letto.

Come arrivare

Da Pieve di Bono su strada piuttosto ripida (6 km) oppure da Cimego-Castel Condino (11 km).

Attrattive e curiosità

Il "sentiero etnografico rio Caino" parte dalla strada nei pressi di Cimego superando subito un ponte sospeso sul fiume Chiese. Lungo 4 km illustra vari aspetti della vita e dei mestieri svolti un tempo nella valle. Il percorso si snoda tra calcare, carbonaie per la produzione di carbone vegetale, una vecchia fucina, frantoi per le pietre, mulini ad acqua per i cereali e due antichi masi contadini, raggiungendo anche l'orto di Brigida, una strega vissuta nel XV secolo.

Escursioni

Parcheggiata l'automobile a Malga Table (1616 m), nelle vicinanze del rifugio, si imbocca il sentiero 251 che s'inerpica dapprima fino a Cima Pissola (2063 m) e poi segue la cresta verso ovest, tenendosi a circa 2000 m di quota e regalando splendidi panorami fino alla Sella di Bondolo (1944 m, punto di ristoro presso la Malga di Bondolo 100 m più in basso). Lungo una strada forestale che passa per la Malga Clef (con un cimitero di guerra, il piccolo lago del Larice e, nelle vicinanze, un imponente esemplare di tale specie arborea) si ridiscende gradualmente tra boschi e prati fino al punto di partenza. Tempo di percorrenza 3-4 ore, dislivello 500 m.
Aggiungendo 2 ore di cammino e altri 200 m di dislivello si può proseguire da Sella di Bondolo fino al lago di Casinei (2059 m) e, lungo il "Percorso tra le Malghe", alla Malga Clef. Ritorno come sopra.

Albergo Ristorante
Rifugio Lupi di Toscana
Fam. Tullia Scaia
Boniprati 1
38085 Prezzo
Tel. 0465 674560

120 all'interno; altri 30 sulla terrazza antistante alla casa.

Da Pasqua a Ognissanti aperto tutti i giorni, altrimenti solo nei fine settimana.

21 AGRITUR SANTA BARBARA

Là dove la Valle del Chiese si allarga e incontra il lago d'Idro sorge il comune di Storo, con le frazioni di Darzo e Lodrone. La prima delle due ospita l'Agritur Santa Barbara, una casetta in stile tirolese sulle pendici del monte il cui nome deriva dal vicino castello, ormai diroccato, che appartenne ai signori di Lodron.

Mangiare | Bere

Allo stile della costruzione fa eco quello dell'offerta gastronomica, caratterizzata da piatti rustici e sostanziosi: strangolapreti, tagliatelle o risotto ai funghi, arrosto di coniglio, pollo, *Gulasch* e – come potrebbe mancare – la famosa polenta di Storo, che dalla cucina manda un profumino di crosta bruciacchiata. Ai fornelli c'è Marcellina Rinaldi; la domenica e nei giorni di festa le dà una mano il figlio, che altrimenti si occupa di agricoltura e dell'allevamento di alcuni polli e conigli. Le grappe alle erbe sono aromatizzate in casa; come digestivo c'è anche uno scuro liquore alla liquirizia fornito da una distilleria di Trento.

Pernottamento

7 camere doppie.

Come arrivare

L'agritur è ubicato poco dopo il centro di Darzo, 200 m dopo il bivio sulla strada statale.

Attrattive e curiosità

- La nobile famiglia dei Lodron, originaria della zona, estese il proprio ambito di influenza dapprima verso Rovereto e poi fino alla Baviera e all'Austria. Il suo rappresentante più famoso, Paride, fu principe vescovo di Salisburgo; egli contribuì in maniera determinante al consolidamento del potere e all'abbellimento della città vescovile austriaca, dove promosse la costruzione di prestigiose chiese e palazzi. Nella Valle del Chiese i Lodron edificarono la rocca di San Giovanni a Bondone, il castello di Santa Barbara e Castel Romano sopra Pieve di Bono. I castelli sono tutti visitabili. Informazioni: tel. 0465 901217

Escursioni

- Monte Castello: partenza da Riccomassimo presso Lodrone, segnalazioni "Percorso tra le Malghe" o "P. t. M.". Il sentiero panoramico, in costante ma moderata salita, passa dalla Baita del Pin (1096 m, posto di ristoro) e dalla chiesetta di S. Antonio, quindi raggiunge la Malga Capre, sul versante prativo del Dosso delle Cavallarie, e il Monte Castello (2018 m). Chi non teme di affrontare una breve discesa, che al ritorno si trasforma in una breve salita, può spingersi fino alla vicina Malga Vacil (posto di ristoro). Itinerario facile e appagante ma lungo; tempo di percorrenza 6-7 ore, dislivello 1250 m.
- Chi non ama le salite, può optare per una bella passeggiata lungo la riva destra del Chiese fino al biotopo situato sulla sponda nord-est del Lago d'Idro, dietro la piscicoltura. Superato il Ponte dei Tedeschi, si rientra lungo la riva sinistra del fiume.

Agritur Santa Barbara
Rinaldi Marcellina
Via S. Giovanni 38 / Darzo
38080 Storo
Tel. 0465 685138

25 in sala da pranzo, semplice e rustica; altri 15 sulla terrazza con vista sulla valle.

Aperto tutto l'anno. Giorno di riposo lunedì.

22 ALBERGO RISTORANTE ALPINA

Nell'estremo angolo sud-occidentale del Trentino, là dove il fiume Chiese sfocia nel lago d'Idro, su un pendio rivolto a sud sorge il paesino di Bondone (721 m). Alle spalle dell'abitato svettano montagne alte fino a 2000 metri. La località ha conservato intatto il suo carattere rurale: strette case con ballatoi di legno addossate l'una all'altra; facciate irregolari pregevolmente affrescate; piazze con fontane; vicoli stretti e ripidi, cadenzati da portoni con cornici di granito. L'Hotel Ristorante Alpina della famiglia Cimarolli occupa una delle vecchie e pittoresche costruzioni completamente rinnovate nel cuore del paese.

Bondone

Mangiare | Bere

Mamma Franca sa come sedurre gli ospiti con la sua cucina semplice e saporita che annovera piatti tipici come gli strangolapreti, i canederli, l'orzetto, la polenta con funghi, selvaggina o capretto arrosto. Eccezionali le mele cotte, risultato di una lenta cottura al forno! Il banchetto medievale (su prenotazione) è un autentico spettacolo: sotto le volte della "sala dei cavalieri" rischiarate dalla luce delle candele, il personale in costume d'epoca serve un menu composto da varie portate preparate su antica ricetta. Grossi pezzi di carne cuociono anche per quattro ore sullo spiedo. Per rendere tutto più realistico, si mangia con le mani!

Pernottamento

9 camere per complessivi 19 posti letto.

Come arrivare

Da Baitoni al lago d'Idro (5 km).

Albergo Ristorante Alpina
Fam. Cimarolli
Via G. Giusti 28
38080 Bondone
Tel. 0465 689331

40 nelle due sale da pranzo, una delle quali è la menzionata "sala dei cavalieri" .

Aperto tutto l'anno. Lunedì chiuso dalle ore 9 alle 18.

Attrattive e curiosità

- Su un panoramico terrazzo roccioso, a metà strada tra il lago d'Idro e Bondone, troneggia la mole imponente di Castel San Giovanni. La rocca appartenne per secoli ai potenti e influenti conti di Lodron, che nella loro residenza di Rovereto ebbero come ospite anche Mozart. Oggi il castello è di proprietà del Comune e può essere visitato nei mesi estivi.

Escursioni

- Baitoni è il punto di partenza di una magnifica passeggiata sulla sponda del lago d'Idro; il percorso si snoda su nuove passerelle di legno costruite sopra lo specchio d'acqua lungo la parete rocciosa. Informazioni: tel. 0465 685033
- Ascensione al Monte Tombea (1950 m). Da Bondone si raggiunge in automobile la Malga Alpo di Bondone. Da qui si prende il sentiero 444 che con ripide serpentine sale verso est fino alla Bocca di Cablone. Lungo la cresta si giunge alla Cima Tombea (splendida vista sul lago di Garda e sul massiccio dell'Adamello). Andata e ritorno 4-5 ore, dislivello 500 m. Questo rilievo è noto tra i botanici per la sua straordinaria ricchezza floreale: si ritiene che, per sopravvivere durante l'era glaciale, le specie endemiche abbiano colonizzato le poche vette affioranti dai ghiacci, mentre il mondo vegetale rimasto sotto la coltre gelata dovette pazientemente riconquistarsi degli habitat adeguati dopo il ritiro dei ghiacci.

VAL DI LEDRO, LAGO DI GARDA E VALLE DEI LAGHI

Il territorio in esame è senza dubbio uno dei più belli e interessanti del Trentino. I boschi alpini della Paganella e del Bondone a nord lasciano progressivamente spazio a una vegetazione mediterranea che culmina lungo le rive del lago di Garda con palme, cipressi, ulivi, pini, agrumi e oleandri. Arrivando dalla Valle dell'Adige, il grande bacino lacustre si palesa per la prima volta presso Nago offrendo una vista davvero suggestiva: bianche rocce calcaree, lo specchio d'acqua turchese punteggiato di candide vele e contornato da spiag-

Il Lago di Garda visto dal Monte Altissimo

ge di ciottoli chiari, paesi pittoreschi e cittadine pulsanti di vita. Il fatto che il Garda disti solo poche ore di automobile dalla Germania meridionale spiega l'alta affluenza di turisti tedeschi, con una quota consistente di giovani attirati dalla possibilità di praticare vari sport all'aria aperta, dal windsurf alla mountain bike, all'arrampicata ecc. A poca distanza dal Garda si trovano altri bacini lacustri, più romantici e assorti, come Toblino con il suo leggendario castello o Ledro nella valle omonima, ma anche Cavedine, Lagolo, Lamar, Massenza, Santo, Tenno e Terlago nella Valle dei Laghi. Il clima mite di questo territorio ne fa una meta ideale sia d'estate che d'inverno, quando passeggiare tra gli ulivi dai riflessi argentati e contemplare dall'alto gli specchi d'acqua si trasforma in un'esperienza ricca di suggestioni.

23 AGRITUR AL MARTER

Un'ampia insellatura verdeggiante posta alle spalle dell'incantevole lago di Ledro, nell'omonima valle, dischiude la vista verso Storo. Nei pressi del biotopo del Laghetto d'Àmpola sorge l'Agritur Al Marter, una casa di recente costruzione. Quando Simone, il figlio del gestore, è in vena, imbraccia la sua fisarmonica e intona celebri motivi popolari sui quali gli ospiti, prevalentemente italiani, cantano in coro ad alta voce.

Mangiare | Bere

In cucina Fulvia prepara piatti semplici della più schietta tradizione locale come la "polenta de patate cocia" (con patate e farina di granoturco) che fa da contorno alla selvaggina, al capretto, all'arrosto di coniglio o al *Gulasch*. Tra i primi vi sono strangolapreti, canederli e trippa.

Pernottamento

5 camere per complessivi 8 posti letto.

Come arrivare

In Val di Ledro, 2 km dopo Tiarno di Sopra. L'agriturismo è situato all'inizio della salita per Malga Stigolo e a 500 m dal bivio per Passo Tremalzo.

Attrattive e curiosità

Poco distante dall'agritur, sul lato opposto della strada, si trova il Laghetto d'Àmpola. Il bacino poco profondo, lungo 400 m e largo 150, è un biotopo protetto. Alimentato dalle acque di piccoli torrenti, ha un emissario, il Palvico, che scende verso Storo e che più a sud, lungo la Val d'Àmpola, forma cascate e pozze scavate nella roccia. Ai margini dello specchio d'acqua, le grandi foglie della ninfea gialla formano una cintura pressoché ininterrotta color verde chiaro. Un percorso didattico con esaurienti cartelli esplicativi corre attorno al lago e si addentra nel bosco sulla sua sponda orientale; ulteriori informazioni e materiali presso il Centro visitatori. Tempo di percorrenza della passeggiata lungolago circa 1 ora (con soste per l'osservazione).

Escursioni in bicicletta

Il Passo Tremalzo è una meta obbligata per i mountain bikers che frequentano la zona del Garda. L'impegnativo itinerario parte da Pieve di Ledro. Dopo aver costeggiato il lato meridionale del lago fino a Colonia, si affronta una strada forestale in salita fino alla Bocca dei Fortini e al Passo Tremalzo (1665 m). Segue un ripido tratto in discesa verso Tiarno di Sopra lasciandosi il Laghetto d'Àmpola sulla sinistra. Rientro a Pieve di Ledro passando per Bezzecca. Dislivello 1250 m, lunghezza 40 km. Il tracciato, quasi tutto su ampia strada sterrata, segue l'itinerario "Rampi-Ledro" (cartina disponibile presso gli uffici turistici della zona). Informazioni: tel. 0464 591222, www.vallediledro.com

Agritur Al Marter
Fam. Ribaga e Cellana
Via Bisti 2
38060 Tiarno di Sopra
Tel. 0464 596007

35 nella nuova sala da pranzo e di ritrovo al piano terra; altri 30 in cortile.

Aperto tutti i giorni nel periodo maggio-settembre, a Natale e a Pasqua, altrimenti solo nei fine settimana. Chiuso il lunedì, tranne agosto.

24 BAITA SANTA LUCIA DA FRITZ

La Val di Ledro è uno dei territori più pittoreschi del Trentino. Ampia e verdeggiante, si sviluppa tra il lago di Garda a est e il lago d'Idro a ovest. Nel tratto intermedio, tra Bezzecca e Tiarno di Sotto, immerse tra i prati si trovano l'antica chiesetta di S. Lucia e, poco lontano, la Baita S. Lucia Da Fritz. Fritz è il nome del fondatore del ristorante, padre di Guido Pregl, l'attuale gestore.

Mangiare | Bere

Suddiviso in varie salette rifinite in legno secondo lo stile rustico tirolese, il ristorante è rinomato per la buona cucina tradizionale di Guido, che vanta un'esperienza quarantennale come cuoco. I primi comprendono canederli in tutte le possibili varianti, strangolapreti, minestra d'orzo, *Gulaschsuppe* e carpaccio di carne *salada*. Come secondo arriva in tavola la polenta accompagnata da *Gulasch* all'ungherese, spezzatino di cervo, stinco al forno, salsicce ai ferri o, quando è stagione, funghi. La carne *salada*, lo speck e il lardo sono quelli della casa.

Come arrivare

La deviazione per il ristorante (2 km) si stacca dalla SS 240 a ovest di Bezzecca.

Attrattive e curiosità

- La principale attrazione della valle è senza dubbio il lago di Ledro, largo 1,2 km, lungo 2,8 e profondo 80 m, ideale per la balneazione. Attorno alle sue acque verde turchese si trovano spiagge d'erba disseminate di alberi ombrosi, sentieri e servizi igienici, tutto gratuito.
- Guido Pregl, il gestore della Baita S. Lucia, è membro della locale compagnia degli *Schützen* (tiratori scelti) e appassionato di storia e tradizioni della vecchia Austria. Egli conosce bene sia le vicende del periodo risorgimentale, quando loro (i trentini tirolesi) combattevano contro "quegli altri" (gli italiani), sia quelle della Prima guerra mondiale, quando il Trentino fu oggetto di contesa tra Italia e Austria. Oggi gli *Schützen* mantengono viva la memoria di quei tempi. Di recente è stato restaurato il monumento a un giovane ufficiale austriaco caduto a Locca nel 1866 e sepolto nel locale cimitero.

Escursioni

- Dalla sponda meridionale del lago di Ledro, in frazione Pur, parte il sentiero boschivo (segnavia 419) che conduce alla Malga Cita; prosecuzione in direzione ovest attraverso una stretta e ripida valle fino ai prati di Malga Giu (1269 m), nei cui pressi sorgono la chiesetta di S. Anna e un bivacco non gestito. Rientro lungo il sentiero panoramico 456 passando accanto a diversi fienili e alla chiesetta di S. Martino. Tempo di percorrenza 5 ore, dislivello 650 m.
- In Val di Croina, l'angusto solco a nord-ovest di Tiarno di Sotto, scopriamo il Ponte di Croina. Nelle vicinanze di questo antichissimo manufatto di pietra si erge il "Castel", un dosso con i resti di un vallo circolare costruito a protezione di un insediamento preistorico. Il torrente Massangla forma una bella cascata che si getta in una forra. Queste attrazioni, a poca distanza l'una dall'altra, sono raggiungibili compiendo una passeggiata di 1 ora abbondante con partenza da Tiarno di Sotto.

Baita S. Lucia Da Fritz
Via S. Lucia 4
38060 Bezzecca
Tel. 0464 591290
E-mail: baita@cr-surfing.net

70 distribuiti in diverse salette rustiche rifinite in legno; altri 40 nel giardino davanti alla casa.

Aperto tutto l'anno, tranne febbraio. Chiuso il lunedì.

25 CHALET RIFUGIO AL FAGGIO

Valle di Concei

La tranquilla e pianeggiante Valle di Concei, ammantata di boschi e prati, corre dal lago di Ledro in direzione nord. Quasi alla fine del solco vallivo sorge lo Chalet Rifugio Al Faggio, locale rustico e assai popolare, trasformatosi nel corso dei decenni da esercizio di poche pretese a ristorante capace di accogliere fino a 350 ospiti, tuttavia senza perdere il suo carattere rilassato e familiare.

Mangiare | Bere

L'offerta gastronomica comprende non solo piatti della cucina tipica regionale, ma anche italiana e internazionale. Lo conferma un'occhiata al menu: antipasti di selvaggina, panzerotti con ricotta ed erbette selvatiche, gnocchi di ricotta alle mandorle, polenta di patate con brasato di manzo e funghi, oppure con arrosto o con bistecca di capriolo o cervo, verdure alla griglia. E per finire: torta di cioccolata e pere o torta alla frutta.

Pernottamento

15 camere con 30 posti letto.

Come arrivare

Il ristorante è situato sulla strada della Valle di Concei, a 6 km da Bezzecca.

Attrattive e curiosità

Bezzecca è un luogo carico di storia: nel 1866 l'Italia si alleò con la Prussia nella guerra contro l'Austria, con la speranza di togliere a quest'ultima il dominio sul Veneto, la Lombardia e la parte italiana del Tirolo. Giuseppe Garibaldi, uno dei principali protagonisti del Risorgimento italiano, penetrò in Trentino attraverso la Val di Ledro a capo di 40 000 volontari. A Bezzecca ingaggiò con gli austriaci una cruenta battaglia. Di fronte alle rovinose sconfitte subite contro i prussiani, l'impero asburgico firmava nel frattempo un armistizio; il generale italiano La Marmora ordinò quindi a Garibaldi di ritirarsi. Il famoso telegramma di risposta sarebbe partito proprio da Bezzecca, tanto che la piazza del paese si chiama "Obbedisco".

Escursioni

- Nella Prima guerra mondiale Bezzecca fu nuovamente zona di fronte. I suoi abitanti furono evacuati in Boemia, il paese e i borghi circostanti vennero pesantemente bombardati. Sul Monte Santo Stefano, un'altura nei pressi dell'abitato raggiungibile lungo un sentiero, sono state eretti vari monumenti in memoria dei caduti.
- Il sentiero 414 parte proprio dal nostro rifugio (963 m). Dapprima punta verso la testata della valle, poi guadagna quota repentinamente fino ai prati della Malga Guì (1444 m) e alla Bocca dell'Ussol (1879 m), un valico verso la limitrofa Val Gavardina. Sui crinali di queste montagne, dove sono ancora visibili i resti delle trincee di guerra, corre il "Sentiero della Pace". Ritorno per lo stesso tracciato dell'andata fino a incontrare il sentiero 414bis, che piega a destra e riporta al rifugio. Tempo di percorrenza 5-6 ore, dislivello 1000 m.

Chalet Rifugio Al Faggio
Fam. Santi
Al Faggio
38060 Concei
Tel. 0464 591100

350 posti all'interno, distribuiti in accoglienti sale; altri 50 in terrazza sotto gli ombrelloni.

Da giugno a settembre aperto tutti i giorni, il resto dell'anno solo nei weekend.

26 OSTERIA DEI MAGASÌ

La Val di Ponale si estende dal lago di Ledro verso il Garda, restringendosi progressivamente fino a ridursi a una selvaggia gola rocciosa. In un vicolo del borgo di Biacesa, l'ultima località significativa della valle, troviamo la nostra meta, l'Osteria dei Magasì. Il nome ha radici nella storia locale e si riferisce ai magazzini per il deposito e lo smistamento delle merci che venivano trasportate dai carrettieri su questa strada quando essa rappresentava ancora un'importante via di comunicazione tra l'Austria e la Lombardia.

Mangiare | **Bere**

Il gioviale Franco Vella ha dato un'impronta particolare alla sua osteria. Ai piatti della cucina tipica trentina, come la polenta e la cacciagione, affianca specialità quali carne *salada empanada*, spiedi misti di carni alla bresciana, maccheroncini *flambé* dell'oste in una forma di parmigiano trentino. Hanno un che di speciale anche gli gnocchetti all'asburgica, conditi con listarelle di carne *salada* rosolata, semi di papavero e panna.

Palafitta preistorica sul Lago di Ledro

Come arrivare

Il locale si trova sulla SS 240, all'altezza dell'unico incrocio di Biacesa, e in genere è segnalato da un finto cuoco panciuto a grandezza naturale che attira l'attenzione del passante.

Attrattive e curiosità

Nel 1929 il lago di Ledro fu testimone di una sensazionale scoperta archeologica. Abbassando il livello dell'invaso al fine di effettuare lavori per una centrale elettrica, emersero dall'acqua le strutture di sostegno di una serie di palafitte preistoriche, un ritrovamento senza precedenti in regione. Gli scavi compiuti successivamente portarono alla luce oggetti di grande interesse: utensili e ornamenti di bronzo, di osso e di pietra, ceramiche d'uso comune e altro ancora. Buona parte dei reperti è ora esposta nel museo in riva al lago. Informazioni: tel. 0464 591222

Escursioni

- In automobile fino a Prè (501 m), sulla strada fra Biacesa e Molina di Ledro. Il sentiero 421 si addentra nell'incantevole alta valle di Leano passando accanto a varie malghe e a una piccola chiesa. Superata la Malga Vil (1109 m), giunge al Passo Guil (1208 m) con magnifica vista in direzione del Garda. Ritorno sulla vecchia strada militare che punta a est, verso il Passo Rocchetta (1159 m), quindi lungo il sentiero 422 (attenzione a non confondersi con il 422bis) che punta a Biacesa passando per la Bocca di Lè. Tempo di percorrenza 5-6 ore, dislivello 800 m.
- La ferrata di Cima Capi è un classico itinerario per l'autunno e l'inverno. Da Biacesa sul sentiero 417 e, poco dopo, sul sentiero 470 diretto a est verso un punto panoramico sul lago di Garda. Segue un tratto in cresta (assicurato) che porta alla vetta da cui si gode una vista magnifica (909 m). Procedendo verso ovest si supera una ripida parete con l'ausilio di funi metalliche fisse. Ritorno a Biacesa passando dal Bivacco Arcioni, popolare ritrovo domenicale per i gitanti del luogo, e dalla cappella di S. Giovanni. Tempo di percorrenza 4-5 ore, dislivello 500 m.

Osteria dei Magasì
Via Dazi 3 / Fraz. Biacesa
38060 Molina di Ledro
Tel. 0464 508836
E-mail: ostmag@datas.it

60 all'interno; altri 70 all'esterno, accanto alle aiole con piante aromatiche e verdure e sotto gli ombrelloni.

Aperto da giugno a settembre tutti i giorni; in inverno solo i fine settimana. In febbraio chiuso per ferie.

VINO SANTO
PURO
CANTINA TOBLINO

27 RIFUGIO SAN PIETRO

Il Monte Calino sovrasta l'abitato di Tenno; sulla sua sommità, a circa 1000 m di quota, sorge in bella posizione con vista sull'Alto Garda il Rifugio San Pietro . Un pio eremita viveva un tempo quassù in completa solitudine, confortato solo dalla presenza di un'antica chiesa. La sua umile dimora fu acquistata successivamente da un gruppo di trentini appassionati di montagna e trasformata nell'odierno rifugio.

Mangiare | Bere

Da oltre un ventennio lo chef Enzo gestisce questo rifugio frequentato soprattutto da gente del posto estimatrice della cucina casereccia: strangolapreti, tagliatelle con ragù di capriolo, polenta con arrosto di coniglio o di capriolo, *Gulasch*, stinco di maiale, carne di agnello e di capretto. Piccola selezione di vini trentini in bottiglia.

Pernottamento

2 camere doppie e 1 camerata da 6, per un totale di 12 posti letto; bagno comune al piano.

Come arrivare

In automobile su strada asfaltata, abbastanza ripida, passando per Villa del Monte e Calvola (4 km). Dal parcheggio al termine della via si percorrono ancora 10 minuti a piedi lungo una comoda strada.

Rifugio San Pietro (CAI)
Fam. Santoni
Monte Calino
38060 Tenno
Tel. 0464 500647

55, distribuiti in varie salette accoglienti; altri 50 sulla terrazza con vista sul lago di Garda.

Aperto tutti i giorni dall'inizio di giugno a settembre, nel resto dell'anno solo il sabato, la domenica e nei giorni festivi.

Attrattive e curiosità

- Il lago di Tenno, attorniato da folti alberi e prati curati che si specchiano nelle acque verde turchese, offre un ambiente senz'altro più rilassato rispetto alle vivaci e affollate stazioni balneari del lago di Garda. Accesso libero.
- Sul declivio ai piedi del Rifugio San Pietro sorgono due antichi gioielli urbanistici: i borghi di Canale e Calvola. La maggior parte delle vecchie case di pietra, con i ballatoi in legno dove una volta si mettevano a seccare le pannocchie, sono state sapientemente ristrutturate. Oggi i due paesi si sono ripopolati soprattutto di artisti e "alternativi" in cerca di luoghi insoliti; il fenomeno interessa soprattutto Canale, dove si svolgono frequentemente mostre d'arte ed è stato allestito un piccolo museo di attrezzi contadini.

Escursioni

- Da Sant'Antonio (556 m), presso la frazione di Ville del Monte, a San Pietro seguendo il sentiero 406, a tratti lastricato, che passa per Canale e i castagneti di Bastiani. Tempo di percorrenza 1,5 ore, dislivello 420 m.
- Il sentiero 412 diretto al Monte Misone parte dal parcheggio a nord del Rifugio San Pietro. Dapprima sale largo e agevole, poi si fa sempre più stretto e ripido per insinuarsi in un folto bosco misto. Il tratto di massima pendenza termina alla Sella di Castiol (1350 m). Si prosegue in traversata lungo il fianco montuoso fino alla Malga di Tenno (1575 m, gestita in estate) e alla vetta (1803 m) con panorama d'incredibile vastità, che spazia a 360° dal lago di Garda al gruppo dell'Adamello-Brenta, alle Dolomiti. Ascensione 2,5 ore, dislivello 800 m.

28 AGRITUR CALVOLA

Abbarbicato sul versante sud del Monte Misone, il paesino di Calvola è uscito solo di recente dall'oblio e dallo stato di decadenza in cui versava da tempo. Il turismo del vicino lago di Garda e la corsa alla seconda casa si sono rivelati una fortuna per questo agglomerato, inducendo a un massiccio ma rigoroso restauro delle sue vecchie case caratterizzate da tetti sporgenti, ballatoi di legno, portoni racchiusi in cornici di pietra e terrazzini colmi di fiori che si affacciano su un dedalo di sconnesse viuzze lastricate. Il paese ha così riacquistato nuova vita. In una delle sue case, abbellita da balconi fioriti che guardano sui tavoli sparsi nel cortile con pergolato, la famiglia Santoni ha creato un bel ristorante rustico.

Mangiare | Bere

Mamma Lucia e il figlio Matteo, cuoco diplomato, hanno scelto di dedicarsi alla cucina tipica. Il menu comprende canederli, strangolapreti, polenta con coniglio arrosto o carne *salada* e fagioli; per dar più gusto alle pietanze c'è la *peverada*, una salsa piccante. Come dessert ci sono strudel o torta di ricotta. Molti i prodotti fatti in casa come i salami, le salsicce, le *mortandele* (polpettine), l'olio d'oliva, le conserve di verdura e di frutta. L'azienda agrituristica alleva in proprio anche maiali, conigli, polli e galline.

Calvola

Pernottamento

10 posti letto in 6 camere, tutte con bagno, ciascuna arredata con mobili diversi acquistati ai mercatini dell'antiquariato.

Come arrivare

Da Tenno a Calvola su stradina asfaltata (3 km).

Attrattive e curiosità

Il paesaggio tra Riva del Garda e il lago di Tenno, ingentilito da palme, cipressi e ulivi secolari, è uno più suggestivi dell'arco alpino. Nel corso dei millenni i ghiacciai e, più tardi, le acque del rio Magnone hanno scavato una conca al centro della quale sorge il paese di Tenno, un bell'esempio di insediamento medievale dotato di cinta muraria e di rocca inespugnabile. Una passeggiata tra i suoi vicoli e la vista sul Garda, le cui acque risplendono in lontananza come quelle di un golfo marittimo, faranno palpitare il cuore degli animi più romantici.

Escursioni

I traffici del Garda con la Val di Ledro e la Lombardia passavano un tempo in buona parte attraverso la Bocca di Trat, oggi punto d'arrivo dello stretto e ripido sentiero che inizia presso la Capanna Grassi (1050 m; raggiungibile in automobile da Tenno passando per Campi e Pranzo, con parcheggio e punto di ristoro). Vicino all'insellatura (1581 m) sorge il Rifugio Nino Pernici, gestito nei mesi estivi. Il sentiero 413 costeggia le pendici scoscese e punta alla Bocca Saval (1740 m) che offre uno scorcio straordinario sul lago di Garda e sula Valle di Concei. Ripida discesa per tornare alla Capanna Grassi. Tempo di percorrenza 4-5 ore, dislivello 750 m.

Agritur Calvola
Fam. Santoni
Via S. Pietro 9
Ville del Monte
38060 Tenno
Tel. 0464 500820

40 nelle sale gradevolmente arredate; l'orgoglio della famiglia è la stufa di maiolica che riscalda l'ambiente nelle fredde giornate d'autunno e d'inverno. Altri 30 posti sono disponibili in cortile, all'ombra della pergola.

In luglio e agosto aperto tutti i giorni, altrimenti solo dal venerdì alla domenica.

29 TRATTORIA PIÈ DI CASTELLO

La Trattoria Piè di Castello, autentico tempio della carne salada, *è nascosta tra gli antichi vicoli di Cologna, un gruppo di case vicino a Tenno. L'edificio costruito nel 1663 ospita una locanda da parecchie generazioni; qui lavorava già il nonno di Giorgio Benini, l'attuale titolare.*

Mangiare | Bere

La porta della cucina è sempre aperta, così gli ospiti possono vedere, e sentire, come si prepara la carne *salada* secondo l'antica ricetta di casa. L'intera offerta gastronomica del locale ruota attorno a questo piatto. La carne tagliata a fette sottili e battuta viene servita in maniera tradizionale, vale a dire con fagioli saluggia e giardiniera agrodolce di verdure. Anche il classico antipasto di affettati è di propria produzione: salsicce, lardo tagliato sottilissimo, pancetta, salame e coppa. E come rinunciare al peccato di gola finale, rappresentato da una superba torta di mele servita tiepida? Lo schietto vino sfuso proviene dalla cantina di proprietà.

Come arrivare

Il locale si trova nel centro di Cologna, sulla strada statale 421 Riva-Tenno. Si consiglia di parcheggiare nel grande spazio segnalato e di compiere a piedi i pochi passi fino al locale.

Attrattive e curiosità

Le tumultuose acque del rio Varone hanno scavato nella tenera roccia calcarea un solco profondo e scuro. Con uno spettacolare salto di quasi 100 metri, le Cascate del Varone precipitano in basso rimbalzando contro la roccia e sollevando nuvole di gocce microscopiche. La gola, resa ancor più suggestiva dall'illuminazione indiretta che la colpisce, è attraversata da una via attrezzata con ponti e scalette allestita un secolo e mezzo fa. Accesso a pagamento. Informazioni: tel. 0464 500848

Escursioni

Sulla pendice montuosa a ovest di Riva, dall'alto di una modesta sporgenza naturale campeggiano i resti del Bastione, una costruzione circolare eretta dai veneziani a scopo difensivo, successivamente conquistata dagli uomini del principe vescovo di Trento per consegnarla agli Asburgo e infine attaccata e distrutta dai francesi. Eccezionale la vista sul mosaico di tetti del centro storico rivano, sul porto e sul lago. Ad attendere gli escursionisti c'è perfino una terrazza-caffè! Tempo di percorrenza 30 minuti su tragitto agevole, dislivello 140 m; parcheggio lungo la fordesana vicino al porto.

Trattoria Piè di Castello
Fam. Giorgio Benini
Via Armando Diaz 55
Cologna
38060 Tenno
Tel. 0464 521065
www.piedicastello.it

Nelle labirintiche sale viene sfruttato ogni angolo: in totale sono disponibili 90 posti.

Aperto tutto l'anno, escluso il periodo dalla prima settimana di luglio al 20 agosto. Martedì giorno di riposo.

30 RISTORANTE BAR MALGA SAN GIOVANNI

A ovest di Arco si innalza il gruppo del Monte Casale le cui propaggini settentrionali separano la Valle del Sarca dalla Val Lomasona all'altezza di Comano. Lungo la dorsale montuosa, a circa 1100 m di quota, si aprono pascoli e prati, mentre una chiesetta svetta in mezzo alle case per le vacanze sparse qua e là. Qui si trova anche la Malga San Giovanni, con ampia terrazza-giardino da cui si gode una vista incantevole che abbraccia il lago di Garda a sud e le Dolomiti a est.

Mangiare | Bere

Chi mai si aspetterebbe di trovare un simile tempio della buona tavola in un luogo così fuori mano e non proprio comodo da raggiungere! Il cuoco Valentino Morandi e la moglie Celeste, coadiuvati da diversi aiutanti, presentano in tavola squisite pietanze tradizionali rielaborate con molta fantasia. Tortino di finferli e zucchine, orzotto con carne d'asino, gnocchi di prugna, tagliatelle di ortiche al burro e salvia, zuppa di patate e petali di fiori, salmerino con verdure, braciola di montone con foglie di menta, *soufflé* al cioccolato, frutta sotto spirito e altre delizie. Il pane è fatto in casa; consigliamo di provare quello con la *molca* (pasta di olive).

Come arrivare

La strada asfaltata sale tra curve e tornanti da Arco a San Giovanni passando per Varignano (11 km).

Escursioni

- Partendo dalla chiesetta di Santa Maria di Laghel (220 m), a nord di Arco, un sentiero stretto e disagevole conduce al vicino monte Colodri (400 m, panorama incantevole), prosegue verso nord lungo la cresta (indicazioni) e raggiunge una seconda cima, il Monte Colt. Il percorso digrada quindi lungo la Valle di Laghel; sul lato ovest dell'avvallamento, ai piedi delle pareti rocciose, corre una larga carrareccia che, attraverso i prati e un bosco misto, riporta alla chiesetta. Tempo di percorrenza 2 ore, dislivello totale 200 m.
- La gita a San Giovanni può essere compiuta in un giorno, a patto che si possieda un passo fermo e non si soffra di vertigini. Partenza da Ceniga, nella Valle del Sarca, presso il Maso Lizzone (120 m). Il "sentiero degli Scaloni" (segnavia 428 e 408) si inerpica sulle rocce verticali con passaggi assicurati. Superata una cengia, il percorso si fa un po' meno ripido. 3 ore fino a San Giovanni (1100 m). Anche la via del ritorno è ripida ed esposta (con vista mozzafiato sulla vallata); segnavia 425 e sentiero lungofiume; 2,5 ore.

San Giovanni

Nella pagina seguente: Valle dei Laghi, Castel Toblino sulle sponde del lago omonimo

Attrattive e curiosità

Gli Asburgo soggiornavano spesso e volentieri ad Arco nell'Ottocento; la località era amata soprattutto dall'arciduca Albrecht, che vi risiedette a lungo. A lui si deve il parco con palme, agrumi, avocadi e alberi della canfora dal chiaro sentore mediterraneo. Accesso gratuito dal cancello nord; cartelli esplicativi lungo i sentieri. Anche il centro storico di Arco merita senz'altro una visita, così come le rovine del suo castello.

Ristorante
Malga San Giovanni
Fam. Valentino Morandi
San Giovanni al Monte
38062 Arco
Tel. 0464 541191

70 all'interno; sulla terrazza-giardino si effettua purtroppo solo servizio bar.

Da aprile a ottobre aperto tutti i giorni; giovedì giorno di riposo. Da novembre al 31 dicembre aperto venerdì, sabato e domenica. Ristorante solo su prenotazione.

31 PIZZERIA WINDSURF

Il lago di Cavedine, nella Valle dei Laghi, si cela agli occhi degli automobilisti distratti perché adagiato in un'ampia conca sul versante orientale della vallata, a ridosso di una bassa dorsale boschiva che lo separa dal fiume Sarca e dalla strada per il Garda. Il bacino di vaste proporzioni (lungo quasi 3 km, largo 500 m e profondo 50) ospita sulla sua sponda orientale la Pizzeria Windsurf, punto d'incontro per gli appassionati della tavola a vela che qui trovano condizioni di vento ideali per volare sulle onde.
Il luogo rappresenta una valida alternativa anche per coloro che non gradiscono l'atmosfera movimentata del lago di Garda e offre una spiaggia pubblica gratuita con prato per i bagni di sole, tavoli e panche, toilette e fontana.

Mangiare | Bere

La nostra pizzeria non è certo un tempio per *gourmet* alla ricerca di proposte gastronomiche raffinate, ma un locale alla mano, favorito da una bella posizione, che oltre alle pizze offre pastasciutte varie tra cui spiccano la "pasta rusticana" con lucanica, peperoni e pomodori freschi e le penne con speck e noci (le noci aromatiche dal guscio sottile sono un prodotto tipico di questa zona). Completano l'offerta le insalate e i popolari strangolapreti. Da bere c'è birra tedesca alla spina; a fine pasto si può gustare un'eccellente grappa prodotta da una vicina distilleria di Pietramurata.

Come arrivare

Bivio lungo la strada statale da Dro a Cavedine (3 km).

Attrattive e curiosità

Sul comune di Dro incombe la mole di Castel Drena, che da secoli presidia l'imbocco della valle di Cavedine. L'antica proprietà dei conti di Arco fu assediata e data alle fiamme dalle truppe francesi intorno al 1700. Di recente è stata restaurata e trasformata in museo. Informazioni: tel. 0464 541220

Escursioni

- Intorno al lago di Cavedine si snoda un percorso lungo 9,5 km che include l'altura boscosa del Monte Gaggio, una frazione di Pietramurata e i borghi di Masi di Cavedine e Casoni. Il sentiero ampio e pianeggiante coincide a tratti con la strada arginale poco trafficata, prestandosi perciò anche per escursioni in bicicletta. Tempo di percorrenza 3 ore.
- Il bizzarro paesaggio delle Marocche comincia subito alle spalle della sponda sud-occidentale del lago. Il caotico ammasso di pietre è il risultato di frane gigantesche, l'ultima delle quali precipitata dal Monte Casale. Questo biotopo unico nel suo genere è attraversato dal "sentiero delle Marocche" (segnalato), percorribile anche in bicicletta; il tragitto si sviluppa lungo la Valle del Sarca tra Ceniga e Pietramurata; partenza da qualunque punto; dislivello trascurabile.

Pizzeria Windsurf
Giorgio Francescatti
Via Lungo Lago
(Monti) 25
38073 Cavedine
Tel. 0461 568340

60 nella sala con grande finestra affacciata sul lago; altri 50 sulla terrazza riparata dal vento.

Pizzeria aperta tutto l'anno dalle ore 18 alle 24, a pranzo solo spaghetteria. Chiuso il lunedì, tranne luglio e agosto.

32 ALBERGO RISTORANTE FLORIANI

Il Monte Bondone, a ridosso di Trento, separa la Valle dell'Adige dall'Alto Garda. Un pianoro naturale a 929 m di quota lungo il versante ovest accoglie il romantico laghetto di Lagolo, sulla cui sponda orientale sorge l'Albergo Ristorante Floriani, locale dall'atmosfera familiare.

Mangiare | Bere

Stefano Floriani è cuoco per passione. Insieme alla moglie Domenica ha costruito la buona reputazione del ristorante dedicandosi con serietà e impegno al suo lavoro. La cucina trentina viene sapientemente reinterpretata per ottenere piatti tipici più leggeri e digeribili di quelli tradizionali: strudel di verdure con salsa di pomodoro fresco, *flan* di asparagi con crema al formaggio, carpaccio di trota salmonata con broccoli all'agro, *crêpes* con rucola, patate e crema di gorgonzola; straccetti di capriolo all'aceto balsamico con crostini all'aglio, involtini di salmerino in foglia di porro al vapore. Per chiudere in dolcezza ci sono la torta di mele con mandorle, zucchero caramellato e gelato al Moscato, la terrina di cioccolato con mango e la *mousse* di more. La particolare carta dei vini – prevalentemente trentini – dispensa consigli sugli abbinamenti con le pietanze.

Pernottamento

36 letti in 18 camere confortevoli.

Come arrivare

Da Vezzano, nella Valle dei Laghi, bivio per Lasino: strada panoramica comoda e poco trafficata fino a Lagolo e al Monte Bondone. Da Lasino al ristorante 8 km.

Albergo
Ristorante Floriani
Fam. Floriani
Lagolo 2
38076 Calavino
Tel. 0461 564241

70 all'interno, 30 all'esterno sulla terrazza con vista lago.

Da metà maggio alla fine di settembre aperto tutti i giorni, altrimenti solo venerdì, sabato e domenica. In bassa stagione chiuso il martedì.

Attrattive e curiosità

Proseguendo dall'Albergo Floriani in automobile si giunge all'altopiano delle Viotte (1500 m), dove già nei lontani anni '30 fu allestito un giardino botanico alpino che oggi vanta oltre mille specie provenienti dalle regioni montane di tutto il mondo. Un percorso didattico si snoda attraverso questo habitat composto da giardini di roccia, paludi, bosco misto locale e il nuovo settore dedicato a muschi e licheni. Informazioni per visite guidate e orari: tel. 0461 270311

Escursioni

Una gradevole passeggiata (segnavia 618) inizia a Lagolo e attraversa i bei boschi misti del Bondone fino alla Chiesetta degli Alpini, circondata da un bel prato dove organizzare picnic o semplicemente rilassarsi. Le praterie di Al Camp (1480 m) costeggiano la strada per il Bondone e sono quindi comodamente raggiungibili in automobile. Tempo di percorrenza 1,5 ore, dislivello 500 m.

33 RISTORANTE FIOR DI ROCCIA

La Valle dei Laghi corre parallelamente alla Valle dell'Adige fino al lago di Garda. Come promette il nome, numerosi specchi d'acqua ne caratterizzano il paesaggio beneficiato da un clima quasi mediterraneo, che si traduce in un alternarsi tra rigogliosi vigneti e gli uliveti più settentrionali d'Italia. Il Ristorante Fior di Roccia sorge a Lon, poco sopra il capoluogo di Vezzano. Dal locale si gode una splendida vista verso sud, con i laghi di Santa Massenza, Toblino e Cavedine.

Mangiare | Bere

La clientela di Walter Miori, uno dei cuochi più apprezzati e creativi della zona, è formata da estimatori della buona tavola provenienti sia da vicino che da lontano. Le sue creazioni hanno ottenuto diversi premi, e non c'è guida gastronomica che non ne parli. Miori utilizza solo prodotti locali e di stagione. Difficile scegliere tra le sue proposte, tutte estremamente accattivanti: *soufflé* di broccoli, code di gambero e salsa allo zenzero; cosciotto di cinghiale marinato con cipolle di Tropea; *canederlotti* alla verza con saporito Puzzone di Moena e burro tartufato. La carne *salada* è preparata secondo la ricetta della casa; dal vicino lago arriva il luccioperca per i bocconcini accompagnati da asparagi e fagioli. I dolci fanno venire l'acquolina in bocca solo a leggerne la lista. Dalle rinomate aziende di Massenza arrivano i distillati migliori; in cantina riposa un curato assortimento di vini pregiati.

Come arrivare

Da Vezzano (SS 45bis) a Lon 2,5 km.

Ristorante Fior di Roccia
Walter e Franca Miori
Via Nazionale 2
38070 Vezzano
Tel. 0461 864029
335 6951678
E-Mail: fiordiwalter@ciaoweb.it

40 nella sala dagli arredi sofisticati e tuttavia ospitale; 25 sulla terrazza protetta da un tendone.

Aperto tutto l'anno. Chiuso la domenica sera e il lunedì.

Attrattive e curiosità

- Sulle rive del lago di Santa Massenza, così piccolo che quasi non ci si accorge di superarlo, sono sorte diverse distillerie. Le migliori vinacce provenienti dalle cantine dei dintorni sono selezionate con passione e perizia per essere trasformate in eccellenti grappe e acqueviti. Informazioni: tel. 0461 864400
- Il romantico Castel Toblino occupa una lingua di terra sulle acque del lago omonimo. Protagonista di una storia movimentata, il castello edificato per motivi strategici fu trasformato nel XVI secolo in residenza estiva dai principi vescovi di Trento. Tra le sue mura si incontravano segretamente il principe Carlo Emanuele, ultimo rappresentante della dinastia vescovile dei Madruzzo, e la sua amante Claudia Particella. Oggi la costruzione ospita un buon ristorante.

Escursioni

- Da Vezzano si diparte il "sentiero geologico A. Stoppani". Largo e pianeggiante, esso attraversa la boscaglia e costeggia i prati collegando diversi "pozzi glaciali", buche che possono raggiungere anche alcuni metri di diametro, scavate nella tenera roccia calcarea dalle acque di fusione durante l'era glaciale. Ritorno uguale all'andata. Tempo di percorrenza 1 ora.

34 AGRITUR CÀ DEI GIOSI

Prima che le ripide pendici orientali della Paganella si gettino definitivamente nella Valle dei Laghi, un'ultima balza ospita un poggio con la chiesa attorno al quale si stringe il borgo di Covelo. Ai margini dell'abitato si erge l'imponente Agritur Cà dei Giosi. Due dei fratelli Verones lavorano in campagna, altri due nel ristorante insieme a mamma Cornelia, regina indiscussa dei fornelli.

Mangiare | Bere

Il locale propone una cucina casalinga verace, a partire dal famoso antipasto di affettati (coppa, speck, bresaola, soppressa, prosciutto crudo) accompagnati da pane nero, burro alle erbe e pere sciroppate. Altrettanto gustosi sono gli gnocchi di polenta e ricotta con ragù di cervo, la pasta fatta in casa e la carne *salada*. Bovini e conigli (per l'immancabile arrosto con polenta) sono allevati in proprio. Ampia scelta di vini del Trentino!

Come arrivare

Dalla strada statale 45bis Trento-Riva, poco dopo Cadine si devia verso Terlago e Covelo (5 km da Cadine). Oppure si rimane sulla 45bis fino a Vezzano, dove si imbocca l'altro bivio per Covelo (3 km fino al borgo).

Attrattive e curiosità

- All'estremità meridionale di Covelo, le vecchie case addossate alla ripida parete rocciosa offrono una vista pittoresca. Da menzionare lo storico Palazzo Cento Finestre.

Agritur Cà dei Giosi
Fam. Verones
Via Villa Alta 11
38070 Covelo di Terlago
Tel. 0461 862110
agritur.cadeigiosi@cr-surfing.net

60 in sale rustiche ma eleganti. Altri 20 in giardino ai tavoli protetti dagli ombrelloni.

Aperto tutto l'anno. Chiuso per riposo: lunedì per l'intera giornata e martedì sera.

Escursioni

La via dedicata a San Vigilio, il patrono del Trentino, solca le pendici della Paganella alle spalle di Covelo. Essa ricalca i percorsi presumibilmente battuti dal missionario nel V secolo e forma un trekking della durata di più giorni attraverso il Trentino occidentale. Da Covelo (548 m) all'agglomerato di Margone (946 m) in 2,5 ore circa, quindi altri 45 minuti fino a Ranzo (746 m). Qui la montagna precipita con una bastionata verticale offrendo una vista impareggiabile sulla Valle dei Laghi! Il percorso si sovrappone a tratti alla carrozzabile scavata nella roccia che termina a Ranzo ed è quindi scarsamente trafficata. Dislivello 500 m. Rientro lungo la strada carrozzabile per Lon e Ciago. Da Ciago si riprende la via San Vili e si torna a Covelo.

35 RISTORANTE PIZZERIA AL PORTICO

Terlago è un interessante paese con belle case antiche, un castello e varie residenze nobiliari, situato a 510 m di altitudine sul limitare di un vasto pianoro lungo il fianco sud-est della Paganella. Il Ristorante Al Portico, segnalato da un vecchio carro a rastrelliera ornato di fiori, trova spazio nel palazzo che sorge di fronte alla chiesa. Nel locale sono ammessi i cani, che si troveranno in compagnia dei due simpatici amici a quattro zampe dei proprietari.

Mangiare | Bere

Franco Margoni e Gina Merlot hanno adibito a ristorante sia le sale della residenza storica, sia il cortile interno – ombreggiato e fresco. Il menu è all'insegna della tradizione trentina, con carne *salada* e torta di patate, il piatto tipico della Val di Non. Molto popolare è anche il ricco antipasto della casa, un assortimento di affettati e delizie caserecce guarnito con fette di ananas, di mela e semi di girasole. La pasta e il pane sono fatti in casa. Le lasagnette con prosciutto e carciofi sono una poesia! Ampia scelta di pizze dalle cinque del pomeriggio in poi.

Come arrivare

Strada statale 45bis Trento-Riva, bivio per Terlago; il locale è ubicato nel centro del paese.

Attrattive e curiosità

- All'epoca del Concilio di Trento, Terlago era tra le mete preferite della nobiltà trentina. Le prestigiose residenze estive costruite a quel tempo conferiscono un carattere particolare alla località. Oltre al Castello di Terlago ricordiamo i palazzi Tabarelli de Fatis, Altemburger, Cesarini-Sforza, Mamming, Aldrighetto, Merlo, Mazzonelli, Paissan e la Villa Rosa dei conti Ciurletti.
- Poco lontano da Terlago si trovano tre incantevoli laghetti: Terlago, dall'inconfondibile forma a otto, attraversato nel punto più stretto da un ponte stradale, nonché Lamar e Lago Santo, adagiati in una conca nei pressi del borgo di Monte Terlago. I laghi di Terlago e Lamar sono balneabili, sulla riva del secondo sorge anche un simpatico punto di ristoro.

Escursioni

- La vecchia via lastricata per Monte Terlago parte dal margine nord-occidentale del paese omonimo. Poco prima del centro abitato si imbocca la strada per i laghi; dopo averne percorso un breve tratto si devia a destra verso il Camping Laghi di Lamar e si raggiunge il parcheggio del Lago Santo, sulla cui sponda occidentale si dipana la passeggiata diretta al chiaro specchio turchese del lago di Lamar (posto di ristoro). Da una colonia per vacanze situata tra i due bacini lacustri parte un sentiero che si congiunge alla sovrastante via San Vili, attraversa per un breve tratto i magnifici prati di Prada e quindi ripiega verso Monte Terlago su percorso pianeggiante con ampia vista in direzione sud-ovest. Il tragitto migliore per rientrare a Terlago è la via lastricata iniziale. Tempo di percorrenza 4 ore, dislivello 400 m.

Ristorante Pizzeria
Al Portico
Fam. Margoni
Via Defant 6
38070 Terlago
Tel. 0461 860900

150 nelle cinque sale interne, altri 50 in cortile.

Aperto tutto l'anno.
Martedì giorno di riposo.

La Valle dell'Adige
da Castel Beseno

LA VALLE DELL'ADIGE CON TRENTO E DINTORNI

Trento, con i suoi circa centomila abitanti, è il capoluogo del Trentino. Adagiata in una conca bagnata dal fiume Adige, la città non è solo il cuore pulsante della vita economica e politica locale, ma anche il centro geografico della provincia. Lunga e movimentata è la sua storia. Le vestigia della *Tridentum* romana sono visibili ancora oggi. Nell'epoca del principato vescovile si aggiunsero chiese, palazzi e castelli sontuosi. Tra questi spicca il Castello del Buonconsiglio, oggi sede della mostra storico-artistica permanente "Monumenti e collezioni provinciali". La costruzione di edifici storici conobbe un notevole impulso durante il Concilio di Trento (1545-1563), allorché la città in cui si discutevano importanti riforme, tese a contrastare l'emergente dottrina luterana, salì alla ribalta della scena politica mondiale.
Il segmento trentino della Valle dell'Adige è delimitato a nord dalla chiusa di Salorno – il confine geografico e linguistico con l'Alto Adige – e a sud dalla chiusa dei Murazzi, situata all'altezza di Besenello. A ovest si estende fino alle pendici degli imponenti rilievi del Bondone e della Paganella, con i comuni di Andalo e Molveno e gli omonimi laghi che costituiscono luoghi di villeggiatura (assai) frequentati sia d'estate che d'inverno. A est le montagne si fanno meno alte: dietro il Monte Calisio e le vette dei gruppi della Marzola e della Vigolana si apre il dolce Altopiano di Piné, costellato di ameni specchi d'acqua. All'altezza di Lavis, nel nord del tratto vallivo in esame, sbocca la Valle di Cembra, caratterizzata dalla trama di vigneti meticolosamente allineati da cui si ottengono vini bianchi di qualità. La zona vitivinicola primaria della provincia rimane tuttavia la vasta Piana Rotaliana, a nord di Trento, dove alligna il vitigno autoctono trentino del Teroldego, un rosso corposo dal gusto intenso.

36 BAITA LA PINETA

Una valletta si dirama da Andalo e punta a sud-ovest verso i rilievi del Gruppo di Brenta. Qui troviamo la Baita La Pineta, un locale decisamente in sintonia con i prati e i boschi che lo circondano. Dopo aver assaporato le pietanze tipiche della cucina trentina, servite ai semplici tavoli all'aperto, ci si può stendere sul prato adiacente a prendere il sole, mentre anatre e galline razzolano liberamente attorno alla casa per la gioia dei più piccini.

Mangiare | Bere

L'offerta culinaria è votata alla più schietta tradizione locale, con una propensione per i piatti di selvaggina (su prenotazione). Il menu annovera tagliatelle con ragù di cervo, oppure polenta con lo stinco, le costine, l'arrosto di coniglio o le immancabili salsicce, nonché fagioli, funghi e crauti (in autunno) come contorno. Da segnalare il ricco "antipasto trentino". La prenotazione è necessaria anche per gustare la popolare torta di patate. Come dessert si può scegliere tra torta di mele, strudel o gelato con frutti di bosco.

Come arrivare

Da Andalo (2,5 km) per una strada dapprima asfaltata e poi sterrata, quindi lungo un vialetto fiancheggiato da abeti rossi. Volendo, si può lasciare l'automobile in un grande parcheggio nel bosco (segnalato) e percorrere l'ultimo chilometro a piedi lungo un sentiero parallelo alla strada carrozzabile.

Baita La Pineta
Tiziano Pallanch
Pradel
38018 Molveno
Tel. 335 5951734

30 all'interno; altri 30 all'esterno, in parte sotto un tendone.

Da Pasqua a fine maggio aperto durante i fine settimana, dall'inizio di giugno alla fine di settembre aperto tutti i giorni. Nei mesi invernali, Tiziano organizza allegre serate per i suoi ospiti che possono raggiungere la baita a piedi, eventualmente utilizzando le "ciaspole", oppure con il gatto delle nevi (su prenotazione).

Attrattive e curiosità

- Poco distante da Andalo è il grande lago di Molveno. Si raccomanda una puntata sulla sua riva occidentale, costeggiata da un bel prato su cui stendersi al sole.
- Nel paese di Fai della Paganella, a pochi minuti di automobile da Andalo, il Doss Castel ha restituito importanti testimonianze dell'età del Bronzo. Sebbene siano trascorsi millenni, non è difficile comprendere perché millenni fa gli uomini si stanziarono su questo magnifico balcone naturale che domina dall'alto la Valle dell'Adige. Il sito con i resti dell'antico insediamento è accessibile al pubblico attraverso un percorso segnalato ("Zona archeologica", "Belvedere"). Informazioni: tel. 0461 583130

Escursioni

- La baita in esame sorge lungo un tragitto che conduce a varie mete escursionistiche e alpinistiche nel gruppo di Brenta. Alle famiglie si raccomanda la gita al Rifugio Croz dell'Altissimo (1430 m; 1,5 ore): il sentiero è largo e alla portata di tutti, la pendenza contenuta. All'arrivo, gli escursionisti sono ampiamente ripagati dalla splendida vista sul frastagliato profilo delle vette dolomitiche. Dal rifugio si dipartono diversi itinerari, come quello diretto al Croz dell'Altissimo (2339 m) con ascensione lungo il sentiero 344/344 e discesa per il sentiero 352B; tempo di percorrenza 4-5 ore, dislivello 1000 m.
- Chi non vuol fare fatica, può recarsi in 40 minuti alla Malga Montanara, situata su un incantevole terrazzo panoramico alle porte del Brenta. Dislivello 250 m.

37 ALBERGO RISTORANTE AI SPIAZZI

Spettacolari pareti calcaree grigio-giallastre s'innalzano quasi a perpendicolo alle spalle di Mezzocorona. Sulla sommità si apre l'altopiano roccioso del Monte di Mezzocorona (900 m), con un vasto pianoro erboso che ospita campi da tennis, case per le vacanze e due alberghi. Uno di essi, l'Albergo Ristorante Ai Spiazzi, è appunto la nostra meta. I prati dinanzi alla casa sono un invito irresistibile per chi ama i bagni di sole, mentre l'ombra è assicurata da grandi alberi secolari; un campo giochi bene attrezzato calamita frotte di bambini. L'albergo è raggiungibile con la piccola funivia a campata unica che, puntando dritta verso il cielo, risale dal fondovalle alla sommità del monte oppure a piedi su un sentiero stretto e ripido.

Mangiare | Bere

Mamma Liliana è conosciuta per la sua torta di patate: patate grattugiate mescolate con un po' di farina, latte, sale e pepe e saltate in padella fino a renderle croccanti e dorate come un'*omelette*. La preparazione del sostanzioso piatto, servito con affettati, fagioli e insalata di cappucci, richiede un po' di tempo, ragione per cui suggeriamo di prenotarlo in anticipo. Naturalmente il menu comprende altre gustose proposte; la pasta è fatta in casa; le lasagne sono uno schianto! I crauti, serviti d'inverno come contorno alle puntine o al cotechino, sono preparati in casa e conservati nelle tradizionali botti di legno; anche le salsicce sono di produzione propria.

Attrattive e curiosità

A poca distanza dal casello autostradale di S. Michele all'Adige sorge il Museo degli Usi e Costumi della Gente Trentina, uno dei più importanti della provincia. La bella collezione etnografica è valorizzata da un allestimento che coinvolge il visitatore, invitandolo a provare di persona il funzionamento di antichi attrezzi e procedimenti di lavoro e destando anche l'interesse dei bambini. Non a caso un'intera sezione è dedicata al vino, giacché proprio a S. Michele ha sede il prestigioso Istituto Agrario fondato ai tempi degli Asburgo. Informazioni: Museo degli Usi e Costumi della Gente Trentina, tel. 0461 650314, www.museosanmichele.it

Pernottamento

23 camere con 45 posti letto.

Come arrivare

L'albergo ristorante è raggiungibile solo con la funivia Mezzocorona-Monte; dalla stazione d'arrivo si cammina pochi minuti su una strada pianeggiante. Parcheggio presso la stazione a valle. Informazioni sugli orari: tel. 0461 603288.

Escursioni

- Il Burrone Giovanelli, una selvaggia gola incuneata tra le pareti del Monte di Mezzocorona, è attraversato da una via ferrata facile e perciò assai frequentata. Dalla piazza di Mezzocorona si segue per mezz'ora una strada pianeggiante e poco trafficata (segnavia 505), quindi le stradine tra i campi che portano all'attacco del percorso attrezzato con scale e funi metalliche. Ritorno percorrendo il sentiero 504 a zig-zag oppure in funivia. 2 ore per l'ascensione, dislivello 650 m; discesa 1,5 ore.
- La "Strada della Kraun" è una bella passeggiata che, salendo senza pendenze rilevanti attraverso ombrosi boschi di faggio, abete rosso e abete bianco, conduce dalla località Monte alla Malga Kraun (buon punto di ristoro, tel. 335 369514). 1,5-2 ore per l'andata, dislivello 350 m, ritorno per la stessa strada.

Albergo Ristorante Ai Spiazzi
Fam. Kerschbaumer
Monte 1
38016 Mezzocorona
Tel. 0461 605640
E-Mail: albergoaispiazzi@hotmail.com

150 all'interno,
40 sulla terrazza
esterna.

Aperto tutto l'anno.
Non ha giorno
di riposo.

38 AGRITUR MASO NELLO

Appena superata la chiusa di Salorno in direzione sud la Valle dell'Adige si allarga in una conca spettacolare. Sul versante orientale, là dove gli ordinati vigneti confinano con il bosco, sorgono il borgo di Faedo e il Maso Nello. Il podere contadino, vecchio di circa quattro secoli e mezzo, ha un aspetto estremamente curato: le pergole sono disposte in file precise, davanti alla casa abbondano i fiori, la corte interna è lastricata e protetta dal vento da una tettoia che permette di ammirare indisturbati la valle sottostante.

Mangiare | Bere

Le pietanze preparate dalla signora Cristina appartengono alla più schietta tradizione gastronomica locale: canederli, carne *salada*, *smacafam*, torta di patate, arrosto di coniglio con polenta cotta nel paiolo di rame. Salsicce, giardiniera e marmellate sono di produzione casalinga. Per chiudere in dolcezza ci sono la torta di carote o, in omaggio al vicino Tirolo, lo strudel. Le verdure provengono in buona parte dall'orto di casa. Anche il vino è vinificato in proprio: si può scegliere tra un fruttato Müller Thurgau e un uvaggio rosso di Schiava e Teroldego. Sullo scaffale non manca qualche buona bottiglia di un'azienda vinicola situata poco più in basso, la rinomata cantina Pojer & Sandri.

Pernottamento

2 appartamenti per le vacanze da 4 e 6 posti letto.

Come arrivare

Nel fondovalle, all'altezza di S. Michele all'Adige, si diparte la strada per Faedo (4 km); proseguire oltre il paese per un altro chilometro fino al maso.

Attrattive e curiosità

- Ai piedi di Faedo si erge il maestoso castello di Montereale (o Königsberg), datato intorno al 1100. Protagonista di una storia ricca di vicissitudini, passò dalle mani dei conti di Appiano ai principi vescovi di Trento, ai conti di Tirolo e poi a quelli di Thun, per divenire infine proprietà di una famiglia di nobili veneziani. Negli anni '70 del secolo scorso fu acquistato da un commerciante meranese. Il complesso fortificato non è visitabile, ma desta grande impressione anche solo osservandolo dal sentiero che gli passa accanto.
- A Faedo consigliamo di visitare la chiesa di S. Agata, risalente al 1145, con affreschi, altare barocco di legno e una colonna tonda che sorregge il campanile gotico.

Escursioni

- Il Lago Santo, ubicato sulle alture della Valle di Cembra, è meta di un classico itinerario primaverile. Il sentiero 414 segnalato in rosso parte dalla piazza di S. Michele all'Adige e risale attraverso suggestivi e mutevoli paesaggi superando vigneti, il Maso Nello e tratti di bosco misto intervallati da radure fiorite, fino a raggiungere il ridente specchio d'acqua alpino circondato da un verde manto erboso. Albergo a bordo lago. Tempo di percorrenza 3 ore, dislivello 960 m. Partendo dal parcheggio sopra Faedo Pineta, la stessa meta è raggiungibile agevolmente in sole 2 ore, dislivello 500 m.

Agritur Maso Nello
Cristina Arman
Via Maso Nello 3
38010 Faedo
Tel. 0461 650384
www.comune-faedo.it/masonello/

55 all'interno, 45 nel cortile coperto.

Aperto tutto l'anno, orario 12-15.30 e 17-21. Chiuso lunedì e domenica dopo le ore 17.00. In gennaio e febbraio aperto solo venerdì, sabato e domenica. Si consiglia la prenotazione.

39 TRATTORIA VECCHIA SORNI

I colli ammantati da una fitta trama di vigneti formano una catena ininterrotta sulla Sinistra Adige tra Salorno e Lavis. Pochi chilometri a sud di S. Michele all'Adige, da una di queste alture fa capolino un gruppo di case che prende il nome di Sorni. Qui si trova la Trattoria Vecchia Sorni, dove le doti culinarie del giovane Lorenzo Callegari fanno palpitare il cuore dei gourmet. Il posto offre il meglio di sé in primavera e in estate, quando si può mangiare in terrazza contemplando dall'alto le distese di frutteti nel fondovalle. Grazie alle proposte gastronomiche di un cuoco davvero sopraffino, le gioie del palato sono comunque assicurate in ogni stagione dell'anno.

Mangiare | **Bere**

Lorenzo Callegari ha lavorato in alcuni dei migliori ristoranti d'Oltralpe da cui ha tratto ispirazione. Ora reinterpreta a modo suo il meglio della cucina locale e nazionale, variando l'offerta a seconda delle stagioni. Il popolare coniglio arrosto alla trentina è arricchito da alcune gocce di aceto balsamico; gli asparagi in insalata sono insaporiti con croccanti cubetti di speck saltati in padella; le lasagnette con asparagi e crema di patate sono gratinate in forno per qualche minuto. Il filetto di coniglio in crosta di erbe aromatiche non promette bene solo sulla carta, ma si conferma autentica delizia anche per il palato. Senza parlare poi delle guance di vitello stufate, servite con salsa al vino bianco e verdure. Completano il menu il filetto di luccioperca in crosta di patate, nonché piatti della tradizione locale come lo *smacafam*.
La signora Maria Teresa non lesina consigli sui vini da abbinare a ciascuna pietanza, molti dei quali provengono dalle cantine dei dintorni, dove si producono alcuni tra i migliori nettari del Trentino.

Trattoria Vecchia Sorni
Lorenzo Callegari
Piazza Assunta 40
38015 Sorni di Lavis
Tel. 0461 870541

40 all'interno, 20 all'esterno sulla terrazza panoramica.

Aperto tutto l'anno a pranzo e a cena. Chiuso per riposo la domenica sera e il lunedì. Chiuso per ferie l'ultima settimana di gennaio e le prime due di febbraio.

Come arrivare

La strada per Sorni (1 km circa di salita) si biforca dalla statale a sud di S. Michele. Giunti in paese è meglio parcheggiare l'automobile in piazza e compiere a piedi i pochi passi fino alla trattoria.

Attrattive e curiosità

- Dell'occupazione di questo territorio da parte dei baiuvari nell'Alto Medioevo si trova tutt'ora oggi traccia nelle denominazioni di alcuni masi e fondi agricoli, così come nella presenza di masi sparsi, un modello insediativo riscontrabile solo in questa zona e non nel resto del Trentino. L'Avisio, il fiume che sfocia nell'Adige all'altezza del paese di Lavis, rappresentò per secoli il confine meridionale del mondo tedesco e del territorio amministrato dai conti di Tirolo. Lo stesso abitato di Sorni deve il proprio nome a una famiglia bavarese, quella degli Schorn, che venne a stabilirsi su questa collina creando una grande tenuta agricola in splendida posizione panoramica. Il nostro locale occupa appunto una porzione della casa dell'antica famiglia germanica. L'edificio ha cambiato ripetutamente proprietari nel corso del tempo, subendo svariati interventi di ristrutturazione e ampliamento.
- A Sorni c'è una casa davvero singolare: dalla parete esterna sporgono vari busti raffiguranti personaggi di spicco della storia politica mondiale. Autore della curiosa rassegna di "sovrani assoluti", da Napoleone a Hitler, è lo scultore locale Luigi Facchinelli.

Escursioni

- Un facile itinerario circolare parte da Sorni e si snoda tra le colline panoramiche che separano la Valle di Cembra da quella dell'Adige. Il sentiero n. 1 punta dapprima all'agglomerato di Panizza di Sopra (splendida vista) e al Maso Spiazzol. Quindi prosegue con il n. 5 fino al Passo Croce (615 m), dove campeggia una grossa croce di pietra, poi al Maso Pomarolli e al Monte Rosa (574 m, panorama a 360°, massi con "coppelle" nelle vicinanze). Dopo aver circoscritto l'altura, il sentiero n. 4 piega a nord ritornando verso il Maso Spiazzol e Sorni. Tempo di percorrenza 2 ore, dislivello 370 m.

40 AGRITURISMO DELLA GENS PAOLAZZI

Una valletta laterale si diparte dal paese cembrano di Faver e punta verso i monti che segnano il confine con la Bassa Atesina e la provincia di Bolzano. In cima al solco vallivo, in una piccola conca è situato Ponciach (1025 m): qualche casa per le vacanze, un piccolo albergo e il nuovo agritur della famiglia Paolazzi. L'aspetto esteriore della casa, fin troppo nuovo e in contrasto con quanto la circonda, è controbilanciato da un'atmosfera accogliente all'interno e da una cucina tanto semplice quanto prelibata.

Mangiare | Bere

La specialità della casa è la pizza di patate, di cui gli avventori locali vanno ghiotti: la pasta di patate, anche se non è croccante come quella di una vera pizza, è più grossa, più soffice e molto saporita; il resto degli ingredienti sono invece quelli tradizionali. Particolarmente tenera e delicata la carne *salada*. Le trote fresche arrivano dal vivaio di casa. I vini sfusi sono un fruttato Müller Thurgau e una Schiava chiara e leggera, entrambi ottenuti dalle uve dei vigneti di proprietà situati a sud di Faver.

Come arrivare

In automobile da Faver su strada asfaltata (3 km); a piedi per un sentiero nel bosco (segnavia C10; 1 ora di cammino).

Attrattive e curiosità

L'assai poco romantico laghetto delle trote, situato dietro la casa, è paragonabile a una piscina dalle insolite proporzioni con parapetto metallico di protezione. Chi lo desidera può pescare da sé le trote, che abboccano senza difficoltà, e pagarle a peso. Noleggio di canne da pesca direttamente all'agritur.

Escursioni

Lago Santo: il sentiero 415 congiunge Ponciach alla Sella di Zise, dove incontra e si sovrappone per un tratto al sentiero europeo E5 (lago di Costanza – mare Adriatico). Attraversando una zona collinare tra faggete miste interrotte continuamente da piccole radure, il percorso punta a sud verso il Lago Santo (punto di ristoro). Un sentiero segnalato riporta dal lago a Ponciach. Andata e ritorno 2,5 ore, dislivello 250 m.

Agriturismo della Gens Paolazzi
Rocco Paolazzi
Via Ponciach 6
38030 Faver
Tel. 0461 683424

40 all'interno, 30 all'esterno sulla terrazza con tettoia.

Aperto a pranzo e la sera dalle ore 17.30 in poi. Chiuso nel mese di gennaio. Nei giorni infrasettimanali di bassa stagione si consiglia di telefonare. Lunedì giorno di riposo.

41 AGRITUR AI GREGI

Imboccata la Valle di Cembra all'altezza di Lavis, uno dei primi paesi che s'incontrano sul suo versante soleggiato è Lisignago. L'Agritur Ai Gregi (650 m) è situato poche centinaia di metri sopra il nucleo abitato, su un terrazzamento coltivato a vite al limitare del bosco. Di fronte, la Paganella e il gruppo di Brenta offrono una vista superba. L'azienda agricola tiene pecore, capre, cavalli e conigli, ma non per trarne un qualche rendimento, quanto piuttosto per la gioia dei bambini. Ivo Ferretti, il padrone di casa, fa il postino di mestiere e perciò conosce bene i dintorni e la gente che vi abita. Capita così che abbia sempre qualche cosa da raccontare quando nei weekend si affianca al figlio Paolo, altrimenti occupato a curare i tre ettari di vigneto di famiglia, e alla moglie Pia, addetta ai fornelli, per spalancare agli ospiti le porte del suo agritur.

Mangiare | Bere

Dalla cucina escono piatti tipici della gastronomia trentina, molti dei quali fatti in casa, come la carne *salada*, la giardiniera o le salsicce. Altrettanto apprezzabili sono la torta di patate, le tagliatelle – sempre caserecce – con ragù di coniglio e capretto, i canederli, gli strangolapreti, la polenta, il capretto con i crauti e la carne alla griglia. Vini della casa: una Schiava leggera e due bianchi, il Müller Thurgau e lo Chardonnay.

Come arrivare

Dal margine orientale di Lisignago, in direzione del campo sportivo, si percorrono poche centinaia di metri fino all'azienda agricola.

Veduta da Piz delle Agole sulla Valle di Cembra

Escursioni

Una stradina asfaltata parte dalla chiesa di Lisignago e, insinuandosi tra i vigneti (segnavia C4), punta alla solitaria chiesetta di S. Leonardo, situata in cima a una collina che si affaccia sulla Valle di Cembra. Il piccolo edificio di culto decorato con affreschi (anticamente adibito a cappella della vicina fortezza di cui oggi non rimane quasi più traccia) ha origini antichissime. Purtroppo non è visitabile, ma l'incomparabile vista sul paesaggio circostante e l'atmosfera trasognata della piazzetta, con tavoli e panche, ripagano ampiamente chi abbia voglia di spingersi fin quassù.

Attrattive e curiosità

Un largo e comodo sentiero (segnavia C3) conduce in 2 ore da Lisignago a un bel prato pianeggiante con alcune casette per le vacanze e il rifugio Malga Maderlina (1030 m), gestito nelle domeniche d'estate dalla SAT, la Sezione trentina del CAI. Nelle vicinanze si trovano estesi boschi di faggio e abete bianco, paludi e stagni. Ritorno per il sentiero 416 con possibilità di deviazione (segnavia 414) per il Piz delle Agole, un bel punto panoramico tra le rocce con croce di vetta. Andata e ritorno 3,5 ore, dislivello 550 m.

Agritur Ai Gregi
Vig 3
38030 Lisignago
Tel. 0461 682153

35 all'interno; sulla terrazza e sul prato antistanti la casa ci sono solo sedie a sdraio.

Aperto nei weekend, durante la settimana solo su prenotazione. Chiuso dal 10 gennaio al 20 febbraio.

42 BAITA ALPINA

L'Altopiano di Piné, con le sue ondulate distese di boschi e prati, si sviluppa alle falde della catena del Lagorai, delimitato dalla Valsugana a sud e dalla Valle di Cembra a nord. Sull'assolato fianco meridionale di una cima tondeggiante sorge la Baita Alpina (1350 m), un'oasi di pace con magnifica vista sui laghi delle Piazze e di Serraia. Il locale incontra soprattutto il gusto dei numerosi villeggianti italiani che frequentano questa zona: raggiungibile in automobile su strada in buone condizioni, provvisto di campo giochi e prato per i bagni di sole, vicino a varie passeggiate dalla pendenza contenuta, rinomato per la sua cucina semplice, gustosa ed economica. Che cosa si potrebbe desiderare di più?

Mangiare | Bere

Mery Toniolli, l'anima del locale, è l'artefice di piatti saporiti e sostanziosi: pasta fatta in casa con funghi; *Gulasch* o formaggio fuso accompagnato da canederli o polenta, fagioli o crauti. I dolci – torte alla frutta e strudel – sono fantastici. Il genero della signora Mery è addetto alla griglia all'aperto su cui prepara gustose bistecche e le immancabili *lucaniche* fresche. Per favorire la digestione non c'è nulla di meglio che una delle grappe variamente aromatizzate: al mugo, al cirmolo, alla radice di genziana, ai mirtilli neri, alle more.

Escursioni

- Un breve ma appagante itinerario circolare parte dalla chiesa di Piazze e, seguendo il segnavia 15, scende alla Cascata del Lupo; ritorno a Varda e Piazze per il sentiero 11. Dai prati presso la cascata si scorgono le celebri piramidi di terra di Segonzano. Tempo di percorrenza 1-1,5 ore, dislivello 125 m.
- Un largo e comodo sentiero parte dalla Baita Alpina e punta verso la vetta di Croce del Monte (45 minuti) con incomparabile vista panoramica; dislivello 200 m.
- Un bel sentiero nel bosco collega in appena 20 minuti la Baita Alpina con la cappella di legno denominata Capitel del Franz; un'ulteriore ora di cammino su strada pianeggiante conduce ai masi abbandonati e ai prati di Gausaldo (1310 m).

Come arrivare

Presso la frazione Centrale sulla strada di fondovalle si devia per il paese di Bedollo, situato su una pendice montuosa. La Baita Alpina dista 400 m dalla frazione di Svaldi.

Attrattive e curiosità

- La Valle di Regnana, disseminata di masi e insediamenti sparsi, corre in direzione est di fronte a Bedollo. La passata frequentazione della zona da parte di popolazioni germanofone ha lasciato traccia nell'architettura degli edifici e nella microtoponomastica locale. Risalendo la valle si giunge al Passo del Redebùs, oltre il quale si accede alla Valle del Fèrsina o dei Mòcheni. Nei pressi del valico sono stati scoperti alcuni forni fusori risalenti all'età del Bronzo (ca. 1200 a.C.). Gli esigui resti degli antichi manufatti, sottoposti a interventi conservativi in collaborazione con la Bergbau-Universität (università mineraria) di Bochum (D), sono visibili lungo il margine della strada.
- Sull'Altopiano di Piné si trova il Lago Piazze, lungo ca. 1200 m e largo 300, il cui livello è regolato da una diga. Un'apposita galleria convoglia le sue acque verso una centrale idroelettrica in Valle di Cembra. Il livello di riempimento dell'invaso raggiunge il suo massimo in estate, mentre diminuisce nei mesi invernali. La passeggiata lungolago è percorribile in 1,5 ore.

Baita Alpina
Via Pec 28
38043 Bedollo
Tel. 0461 556033

60 all'interno; i semplici tavoli con panche collocati all'esterno, in parte sotto gli alberi, offrono altri 40 posti.

Aperto da maggio a ottobre. In bassa stagione chiuso il lunedì.

43 AGRITUR LA VECCHIA QUERCIA

L'agritur occupa una balconata panoramica sull'Altopiano di Piné. La vecchia quercia che tutti si aspettano di trovarvi, considerato il nome del locale, è in realtà un "giovane virgulto" che s'innalza stoicamente nel parcheggio asfaltato, la chioma troppo modesta per garantire anche solo un po' d'ombra alle vetture. Ma questo dettaglio è presto dimenticato: un trionfo di fiori ai balconi della casa di recente costruzione, l'arredamento rustico ma curato, la cordialità dei gestori, la bontà dei cibi e la bella posizione con impareggiabile vista sulla zona lacustre, conciliano in ogni caso il migliore degli spiriti.

Mangiare | Bere

Papà Giuliano ha ceduto lo scettro della cucina alla figlia Monica che, forte di una solida formazione professionale nel settore alberghiero, tiene alto il buon nome del locale. Il menu è composto rigorosamente da piatti della tradizione locale a prezzi convenienti. Secondo la stagione si possono gustare piatti a base di funghi e carne alla griglia. Molto apprezzate sono anche le lasagne al forno, il formaggio fuso e le squisite torte. Numerosi i prodotti fatti in casa, dalle grappe aromatizzate alle marmellate, dalla bresaola alle salsicce.

Pernottamento

7 camere per un totale di 15 posti letto.

Come arrivare

Da Baselga di Piné per strada asfaltata, stretta ma ben segnalata (1 km).

Attrattive e curiosità

- A est della riserva naturalistica protetta del Laghestel sorge il Doss de la Mot o de la Purga, un ambiente particolare con pini, faggi e roveri a contornare gli esigui resti dell'antico e imponente castello di Belvedere. Tenendo fede al suo nome, il maniero offre un panorama estremamente suggestivo. Al castello è legata peraltro una leggenda dai risvolti raccapriccianti: l'ultimo feudatario di Belvedere fu decapitato con un colpo di falce durante una violenta rivolta dei contadini stanchi di una vita di oppressioni; il cavallo fece ritorno al castello con in groppa il corpo mutilato del suo padrone.
- Sul pianoro a nord-est di Baselga-Miola, antico sito di estrazione della torba, negli anni '70 è stato realizzato un anello per il pattinaggio di velocità che, grazie alla sua scorrevolezza, ospita regolarmente competizioni di portata internazionale. Nel vicino stadio del ghiaccio si disputano partite di hockey e gare di broomball e curling.

Escursioni

- Un itinerario ad anello (segnavia 8) parte dalla frazione di Serraia e si dirige prima a Ricaldo e poi alla Marmitta dei Giganti, una grande cavità scavata dai massi erratici liberati dal ghiaccio. Ai piedi della roccia si trova un rifugio antiaereo costruito nella Seconda guerra mondiale.
- Da Ricaldo, seguendo l'indicazione "Campo Sportivo Mille Pini", si raggiunge in automobile la radura di Bedolpian (2 km circa), attrezzata con campo di calcio, tavoli e panche. Da qui si procede a piedi, in parte su strada carrozzabile in parte su sentieri, passando dal Laghetto delle Rane e raggiungendo in circa 1 ora la piattaforma Bellavista, da cui si contemplano la Valle di Cembra, il Monte Baldo, il Brenta e il Cevedale. Ritorno per la stessa strada, tempo di percorrenza complessivo 2 ore, dislivello 200 m.

Agritur La Vecchia Quercia
Fam. Colombini
Loc. Masi di Sternigo 16/1
38042 Baselga di Piné
Tel. 0461 553053
E-mail: info@agriturvecchiaquercia.it
www.agriturvecchiaquercia.it

45 posti all'interno.

Aperto tutto l'anno. In bassa stagione, lunedì giorno di riposo.

44 RISTORANTE AL MAS

I prati a est di Baselga di Piné, il principale comune dell'omonimo altopiano, si estendono fino al bosco del Dosso di Costalta dove, al termine di una stradina, sorge il celebre Ristorante Al Mas. All'interno sono esposte le fotografie di personalità del mondo politico e dello sport, come il presidente della Giunta provinciale di Bolzano Luis Durnwalder o il grande campione dello sci Alberto Tomba, a riprova della fama di cui gode la cucina di Nella Fedel. La terrazza panoramica coperta, le accoglienti sale da pranzo distribuite su due piani, il servizio professionale della figlia Laura e, naturalmente, le squisite pietanze che giungono in tavola rendono estremamente gradevole la sosta in questo locale.

Mangiare | Bere

Anche qui è la cucina trentina a fare da padrona, tra pasta fatta in casa con sugo di funghi e Tosella alla griglia con polenta. Come antipasto consigliamo i porcini sott'olio, come dolce le torte o il gelato di produzione casalinga. Una menzione a parte merita il famoso "antipasto al Mas", quattordici portate, molte delle quali servite calde: affettati, trota, insalata di frutti di mare, mozzarella e pomodoro, peperonata agrodolce, formaggi, carpaccio, crostini al salmone, salatini al formaggio ecc. La carta dei vini annovera prevalentemente etichette del Trentino.

Pernottamento

Il vicino Garni Laura dispone di 15 posti letto in camere estremamente confortevoli.

Come arrivare

1 km da Baselga di Piné, seguire le indicazioni dalla frazione di Miola.

Attrattive e curiosità

- Il Laghestel è stato dichiarato riserva naturale già nel lontano 1974. Si tratta di un'area di grande interesse ambientale e scientifico dovuto alla straordinaria ricchezza di flora e fauna: qui crescono più d'una ventina di piante rare, tra cui la *Urticularia vulgaris*, o erba vescica, una pianta carnivora che vive immersa nell'acqua e si "ciba" di microrganismi acquatici che cattura mediante le vesciche presenti sulle foglie. Diversi itinerari circolari (tempo di percorrenza da 1 a 2,5 ore), con segnalazioni, pannelli esplicativi e piccole stazioni di osservazione, permettono di visitare il biotopo accessibile da Baselga lungo la strada diretta a Montignaga. Visita guidata gratuita tutti i lunedì nei mesi estivi; prenotazione presso l'Azienda di Promozione Turistica, tel. 0461 557028.
- Piné è un famoso luogo di pellegrinaggio. Narra la storia che nel 1729 la Madonna apparve ripetutamente a una pastorella; da allora la zona è divenuta un centro della devozione mariana in grado di richiamare fedeli da tutto il Trentino. Un itinerario religioso si snoda tra chiese con pregevoli opere di interesse storico-artistico e altri luoghi di culto; meta principale dei pellegrini è la chiesa di Sant'Anna a Montagnaga, dove si possono ammirare miriadi di ex voto che testimoniano grazie, guarigioni e altri episodi miracolosi.

Escursioni a piedi e in bicicletta

- A poca distanza dal nostro ristorante inizia la via che risale il poderoso Dosso di Costalta, estremo baluardo della catena del Lagorai. Il sentiero 404 attraversa dapprima prati e boschi, lungo serpentine con pendenza crescente affronta quindi la solitaria cupola montuosa (1955 m) che offre una magnifica vista sui dintorni. Ritorno per lo stesso tragitto dell'andata oppure lungo il crinale che digrada verso est fino al Passo del Redebùs (2,5 ore dalla vetta), purché da qui si disponga poi di un mezzo per tornare al punto di partenza. Ascensione 2,5-3 ore, dislivello 1000 m.
- A pochi passi dal ristorante si diparte un percorso ciclabile che costeggia i laghi di Serraia e delle Piazze. Il periplo degli specchi d'acqua si può compiere anche a piedi; tempo di percorrenza 3,5 ore, dislivello trascurabile.

Ristorante Al Mas
Fam. Tessadri
Via Faida 241
38042 Miola
Tel. 0461 557540

50 all'interno, altri 50 sulla terrazza coperta.

Aperto tutto l'anno, servizio bar con orario continuato dalle ore 10 in poi. In bassa stagione chiuso il martedì.

45 ALBERGO RISTORANTE LAGO SANTA COLOMBA

Il piccolo lago di Santa Colomba (922 m) è situato sull'altopiano che si estende a nord-est del Monte Calisio. Visto da Trento, il rilievo montuoso ha un aspetto oltremodo inospitale, tuttavia il suo versante nord-orientale accoglie dolci prati e amene distese boschive. Adagiato in un avvallamento in mezzo al bosco, il suggestivo laghetto alpino (lungo 310 m) ospita sulla sua sponda occidentale il ristorante omonimo, un locale semplice ma alquanto appagante: buona la cucina, abbondanti le porzioni e, soprattutto, impareggiabile la posizione.

Mangiare | Bere

Padrona indiscussa della casa è la signora Gemma, che da quarant'anni dirige le operazioni in cucina, venticinque dei quali trascorsi dietro i fornelli del ristorante in parola. Ad accogliere gli ospiti dietro il banco c'è suo figlio Enrico, diplomato alla scuola alberghiera. In tavola arrivano saporite pietanze della tradizione rurale: pasta fatta in casa, lasagne, cannelloni e, naturalmente, l'immancabile carne *salada* con fagioli. Occasionalmente si possono gustare piatti di selvaggina (capriolo, cervo o lepre), mentre l'arrosto di coniglio con polenta è una presenza costante; squisita la torta di mele.

Pernottamento

15 camere per un totale di 42 posti letto.

Come arrivare

Raggiungibile lungo una comoda strada asfaltata da Albiano, in Valle di Cembra, o da Civezzano per chi proviene da Trento. Da Civezzano si può anche raggiungere Bosco Civezzano in automobile (parcheggio) e quindi percorrere a piedi il comodo sentiero che in 20 minuti porta al lago; dislivello 160 m.

Attrattive e curiosità

La Valle di Cembra è disseminata di grandi cave di porfido, per fortuna non sempre immediatamente visibili a chi si trovi a percorrerla. La durissima pietra di origine vulcanica, dalla caratteristica fratturazione colonnare o laminare, viene estratta a cielo aperto con l'ausilio di pesanti attrezzature, trasformata in cubetti e lastre ed esportata poi in tutto il mondo. Essendo un prodotto locale e quindi meno costoso che altrove, il porfido è un materiale largamente impiegato nella vallata per costruire case, muretti di recinzione, coperture e pavimentazioni. Gli enormi squarci aperti nella montagna per estrarlo si notano chiaramente dalla strada che collega Albiano al lago di Santa Colomba.

Escursioni

Partendo dal lago di Santa Colomba, il "sentiero delle canope" forma un percorso circolare che conduce a diverse miniere abbandonate da tempo. Per tutto il Medioevo i dintorni del lago rappresentarono una delle zone minerarie più importanti dell'arco alpino e il Monte Calisio era chiamato *Mons Argentarum* in virtù del suo ricco giacimento di galena argentifera. Nel dialetto locale i lavoratori specializzati nell'attività estrattiva, provenienti in buona parte dalla Germania, erano detti *canopi*, con chiaro riferimento al tedesco *Knappen* (minatori), e per estensione la galleria era chiamata *canopa*. Il bosco è ancora disseminato di strani crateri scavati nel terreno. Sono i *cadini*, i pozzi usati dai minatori per raggiungere le gallerie. Data la facilità con cui si rischia di caderci dentro, è bene non allontanarsi mai dai percorsi segnalati e rispettare i frequenti cartelli di avvertimento.

Albergo Ristorante
Lago Santa Colomba
Santa Colomba 80/81
38045 Civezzano
Tel. 0461 850122

100 posti all'interno; in terrazza solo servizio bar.

Aperto tutto l'anno. In bassa stagione chiuso il lunedì sera.

46 RISTORANTE CAMPEL

A nord-est di Trento non si può fare a meno di notare la mole isolata del Monte Calisio, sulle cui pendici meridionali avanzano i quartieri periferici della città-capoluogo che stanno inglobando progressivamente le località di Cognola, Martignano e Villamontagna. Sulla sommità del monte, là dove gli ultimi vigneti cedono il posto alla foresta di pini, sorge il Ristorante Campel, un locale simpatico e alla mano situato in posizione incantevole. La famiglia Dorigatti – con papà Renzo, mamma Giovanna e i figli Paolo e Stefano – si occupa della gestione e provvede al benessere degli ospiti, che si fanno particolarmente numerosi nei fine settimana.

Mangiare | Bere

Il menu è all'insegna della più schietta tradizione gastronomica trentina: arrosto di coniglio, costine, *Gulasch* e salsiccia alla brace accompagnata da polenta e crauti. La polenta è cotta nel paiolo di rame e servita sul tagliere.

Come arrivare

7 km da Trento, 2 km da Villamontagna. L'ultimo tratto si presenta ripido, stretto e accidentato, tuttavia i gestori ci hanno assicurato che sarà presto asfaltato. Ampio parcheggio.

Attrattive e curiosità

- Nel bar del Ristorante Campel è esposta una curiosa collezione di più di trecento berretti con visiera, con o senza scritta pubblicitaria, di ogni foggia e colore.
- Trento ha molto da offrire sotto il profilo storico-artistico: itinerari tematici nella città vecchia, gli scavi dell'antica città romana di *Tridentum*, il Castello del Buonconsiglio edificato ai tempi del principato vescovile, con la Torre Aquila che custodisce il celeberrimo ciclo di affreschi medievali dei *Dodici mesi* raffigurante scene di vita cavalleresca e contadina. Informazioni: tel. 0461 983880

Escursioni

- Da Cognola al Monte Calisio. In automobile fino a Cognola, quindi a piedi seguendo il segnavia 402 lungo via Masetti. L'itinerario procede dapprima tra giardini, campi e prati, si addentra quindi in un bosco di pini e sale poi costantemente – in parte lungo sentieri, in parte lungo vecchie mulattiere – fino alla sommità erbosa del Monte Calisio (1096 m, 2 ore ca.), con croce di vetta e panorama mozzafiato. Sulla sua cima si scorgono ancora i resti di fortificazioni, tuttavia questo rilievo non fu mai teatro di scontri a fuoco durante la Prima guerra mondiale. Ritorno a Cognola per il sentiero 403 (in discesa), passando dal Ristorante Campel. Tempo di percorrenza complessivo 3,5-4 ore, dislivello 720 m.

Ristorante Campel
Villamontagna 1
38100 Trento
Tel. 0461 209070

50 all'interno e 50 all'esterno sulla bella terrazza panoramica.

Aperto tutto l'anno.
Mercoledì giorno di riposo.

47 RIFUGIO PINO PRATI AI BINDESI

Il rifugio intitolato a Pino Prati, famoso alpinista trentino degli anni '20, è posto su uno sperone roccioso ai margini del gruppo della Marzola, a est di Trento. Benché rientri nel patrimonio di proprietà della SAT (Società degli Alpinisti Tridentini), la qualifica di rifugio appare decisamente eccessiva per questa casa situata a 604 m di quota, in prossimità del capoluogo trentino.
Si tratta in ogni caso di uno degli indirizzi preferiti dai turisti più pigri, che dalla vicina Trento arrivano quassù in automobile con il solo obiettivo di fare onore all'ottima cucina del locale.

Mangiare | Bere

La famiglia Cagol, che gestisce il rifugio da anni, ha saputo crearsi un giro di clienti affezionati. Un fatto che non sorprende, data la bontà delle pietanze! Tra i primi spiccano i panzerotti con ripieno di porri e formaggio Puzzone di Moena o i tortelloni con speck e noci. La palma assoluta tra i secondi spetta al galletto in salsa di Teroldego con polenta cotta nel paiolo. Non mancano altre gustose ricette della cucina rustica trentina, come lo stinco di vitello al forno, cotto insieme alle mele che gli danno un aroma inconfondibile. Unico neo: la porzione è così abbondante che per finirla bisogna essere almeno in quattro.

Pernottamento

Il rifugio dispone di 4 posti letto.

Come arrivare

Da Trento a Villazzano (7 km), quindi verso Madonna delle Grotte su stretta strada asfaltata (altri 2 km). Ampio parcheggio.

Rifugio Pino Prati ai Bindesi
Via dei Molini 7
38100 Villazzano
Tel. 0461 923344 oppure 0461 920181 oppure 335 6166167

40 all'interno; 20 sulla terrazza panoramica, con vista che spazia dalla conca di Trento alle vette del Bondone, della Paganella e del Brenta.

Aperto tutto l'anno nei fine settimana; in inverno solo apertura serale. Si consiglia vivamente la prenotazione!

Attrattive e curiosità

- Grossi torrioni di conglomerato calcareo s'innalzano a poca distanza dal rifugio. La palestra di roccia allestita in questo bizzarro scenario già nel lontano 1920 attira ancora oggi folte schiere di appassionati dell'arrampicata.
- Villazzano è un sobborgo di Trento che, nonostante la sua prossimità al capoluogo, è rimasto un angolo idilliaco e una zona residenziale sempre in auge fra i trentini che contano. Tra gli edifici più prestigiosi si distingue il ristrutturato Palazzo Mersi, oggi sede dell'amministrazione comunale, che vanta un bel parco pubblico dove prosperano cespugli di lavanda, cipressi sempreverdi e conifere che conferiscono al luogo una nota mediterranea.

Escursioni

- Il Rifugio Pino Prati è raggiungibile a piedi da Madonna delle Grotte lungo la strada di accesso che, terminando presso la casa, da Grotta di Villazzano in poi risulta scarsamente trafficata. Tempo di percorrenza 45 minuti, dislivello 260 m.
- Da Pianizza, l'azienda agricola con maneggio ubicata 2 km a sud di Villazzano, una bella strada pianeggiante e soleggiata conduce al rifugio in mezz'ora.
- Un po' più impegnativa, ma oltremodo appagante, è l'escursione sulla Marzola, il crinale roccioso coperto da una scura vegetazione boschiva che si erge alle spalle del rifugio. Dal Rifugio Bindesi al Rifugio Maranza 1 ora di cammino (1072 m, buon posto di ristoro), quindi altre 2 ore fino alla vetta panoramica della Marzola (1736 m); dislivello 1150 m.

48 AGRITUR MALGA ALBI

Sul versante orientale del Bondone, la "montagna dei trentini", un ampio terrazzo erboso a 1264 m di quota ospita la Malga Albi, gestita solo nei mesi estivi. Osservando il monte dalla Valle dell'Adige, si stenta a credere che le sue impervie pareti rocciose possano accogliere un comune articolato come Garniga e, sopra di esso, perfino prati e alpeggi.

Mangiare | Bere

Molti degli ingredienti impiegati in cucina sono di produzione casalinga come il burro e il formaggio semigrasso, preparati giornalmente con il latte delle mucche che d'estate pascolano davanti alla malga e d'inverno stazionano nella stalla di Garniga. Dai circa quindici maiali allevati nella stagione estiva si ricavano salami, salsicce fresche, pancetta, ossocollo e lardo. Dato che i fratelli della signora Manuela, la gestrice del locale, sono cacciatori, il menu della casa contempla spesso anche piatti di selvaggina serviti con la polenta. In autunno i crauti completano l'offerta culinaria.

Come arrivare

Deviazione per Garniga Terme a sud di Trento, all'altezza di Aldeno. Poco prima del paese si dirama una stradina per la frazione di Gatter che, attraverso boschi e prati terrazzati, raggiunge la Malga Albi (5 km da Garniga). L'ultimo chilometro non è asfaltato.

Cimone sulla strada per Garniga

Pernottamento

A disposizione di escursionisti e amanti della semplicità ci sono 3 camere spartane con 8 posti letto; bagno in comune.

Attrattive e curiosità

- A Garniga è stata rispolverata la tradizione dei bagni di fieno. Un moderno centro nel cuore del paese offre i più svariati trattamenti a base di erbe essiccate. Gli ospiti sono alloggiati nei vicini alberghi e si recano giornalmente nello stabilimento di cura. Informazioni: tel. 0461 842586
- La chiesa di San Osvaldo (818 m), monumento di interesse storico-culturale, è un popolare soggetto fotografico e un motivo ricorrente negli opuscoli di promozione turistica del Trentino. L'edificio di culto, la cui prima menzione risale al 1300 ca., occupa un poggio nelle vicinanze di Garniga Terme affacciandosi sul precipizio che si getta nell'ampio fondovalle. Al primo nucleo gotico fece seguito una ristrutturazione in epoca barocca; all'interno sono custoditi altari in marmo realizzati dai Sartori, celebre famiglia di scultori locali. La chiesetta è raggiungibile dal paese con una passeggiata di 15 minuti.

Escursioni

- Alla fine dell'abitato di Garniga Terme (direzione Garniga Vecchia) parte una bella e antica mulattiera (segnavia 4 e 6) che, inerpicandosi tra prati e radi boschi di larici, supera una serie di gradoni e raggiunge la Malga Albi. Ascensione 1,5 ore, dislivello 440 m.
- Dalla Malga Albi si può salire all'altopiano del Bondone (1,5 ore) che offre bei prati fioriti e un formidabile panorama a perdita d'occhio. L'ascensione prosegue in direzione sud verso le Tre Cime (Cima Verde, Dosso D'Abramo e Monte Cornetto; altre 1,5 ore). Segnavia 9, 12 e 630 da Malga Albi, dislivello 900 m.

Agritur Malga Albi
Orlando e Manuela Dallapiazza
Piazza 6
38060 Garniga Terme
Tel. 0461 842595 oppure 347 2686136
www.trentinoagriturismo.it

20 all'interno, altri 50 ai semplici tavoli di legno all'esterno.

Aperto da metà maggio a fine settembre. La sera è gradita la prenotazione. Ufficialmente il lunedì è giorno di riposo, ma per gli escursionisti provati dall'ascensione la porta rimane sempre aperta.

VALLAGARINA E ROVERETO

Il confine tra le province di Verona e Trento, situato all'altezza di Borghetto, passa del tutto inosservato a chi proviene da sud: il fiume Adige scorre pigramente attraverso l'ampia valle a trogolo, bagnando questa fertile striscia di terra in cui si alternano frutteti e vigneti che conferiscono le uve di alcuni dei rossi più corposi e rinomati del Trentino.

La Vallagarina si restringe in prossimità di Rovereto e termina qualche chilometro più a nord presso la chiusa dei Murazzi. La città di Rovereto sorge sulla destra del fiume Leno, le cui acque un tempo alimentavano segherie, mulini e macchinari delle filande. L'operosa cittadina era specializzata nell'allevamento del baco da seta, nonché nella lavorazione e vendita del prezioso tessuto. La vicina località di Ala era

Vigneti nei pressi di Rovereto

invece conosciuta per i suoi velluti. La fiorente industria e il commercio di tessuti pregiati portarono il benessere nei secoli XVIII e XIX, come testimoniano i prestigiosi palazzi dell'epoca. Il Leone di San Marco presente sui fregi di taluni edifici ci ricorda inoltre che la zona rimase a lungo sotto la dominazione della Repubblica di Venezia.
A est della Vallagarina, la Vallarsa e il Passo di Pian delle Fugazze collegano il Trentino con il Veneto. A ovest, a una manciata di chilometri in linea d'aria dalla Valle dell'Adige, si trova il lago di Garda, accessibile lungo un raccordo stradale da Mori a Torbole attraverso il Passo San Giovanni. A nord di questa modesta insellatura si apre la Val di Gresta, famosa per i suoi ortaggi biologici coltivati nei caratteristici campi terrazzati sorretti da muri a secco. A sud del passo, lungo le balze del Monte Altissimo si estende Brentonico, un piccolo comprensorio per la villeggiatura frequentato sia d'estate che d'inverno.

49 RISTORANTE LA RUPE DI BESENO

Viaggiando da Trento a Rovereto, lo sguardo è catturato ad un certo punto da un'altura tondeggiante su cui troneggia il grandioso Castel Beseno, meta obbligata per gli appassionati di storia e di architettura castellana. Considerato il gran numero di persone che si recano a visitare il fortilizio, la presenza di un esercizio di ristorazione nelle sue vicinanze appare pressoché scontata. Il Ristorante La Rupe di Beseno è ospitato tra le mura del bel Maso Trapp, che sorge in un'insellatura sul versante orientale del poggio e che costituisce la base di partenza di un comodo e breve sentiero diretto al castello.

Mangiare | Bere

Il ristorante è gestito da Massimo Curzel e Marco Facchinelli, due giovani e provetti gastronomi. Oltre ad alcune classiche specialità trentine, il menu comprende diverse ricette italiane rielaborate con creatività come le mezzelune con bietola e porro, le pennette alla lucanica e Teroldego, il filetto di puledro in salsa al Marzemino. Buona la selezione di vini trentini, tra cui spicca – e come potrebbe essere altrimenti? – l'etichetta di Cesare Marzari e della sua azienda agricola Maso Trapp.

Come arrivare

Da Besenello, sulla statale del Brennero, si biforca una strada asfaltata (800 m) che conduce al parcheggio del ristorante.

Attrattive e curiosità

Castel Beseno costituisce un'attrazione di prim'ordine. La possente cinta muraria, gli enormi bastioni e la rigorosa architettura dell'intero complesso non lasciano dubbi sul suo carattere difensivo. In questa cornice davvero esclusiva si tengono mostre d'arte e altri eventi culturali.
Il castello, che nel tardo Medioevo costituiva il contrafforte meridionale della contea di Tirolo e dell'Austria, fu aspramente conteso tra l'Impero e la Repubblica di Venezia che già dominava Rovereto e parte del Trentino. Gli scontri culminarono nella battaglia di Calliano, risoltasi con la disfatta dei veneziani guidati dal generale Roberto da Sanseverino. Alla memoria del valoroso condottiero, che trovò la morte sul campo di battaglia, è dedicato un bassorilievo in marmo rosso situato nella navata di destra del Duomo di Trento, vicino all'altare: il bel cavaliere dal volto triste regge in mano l'asta spezzata dello stendardo di Venezia.
Castel Beseno è visitabile dal martedì alla domenica da marzo a ottobre, tel. 0464 834600, www.buonconsiglio.it

Escursioni

Due diversi accessi permettono di raggiungere a piedi il Maso Trapp e Castel Beseno. Il primo è costituito dalla strada carrozzabile, percorsa soltanto dalle vetture dei visitatori, che si diparte dal parcheggio sul margine orientale di Besenello e sale con pendenza costante fino al castello (30 minuti).
Al km 7 della strada Calliano-Folgaria, dove terminano i vigneti e inizia il bosco, un piccolo parcheggio segna il punto di partenza del secondo accesso, il ripido "sentiero del Gac" (segnalato; tempo di percorrenza 20 minuti).

La strada asfaltata, e scarsamente trafficata, che dal Maso Trapp si dirige all'agglomerato di Compet attraverso i vigneti sembra fatta apposta per una passeggiata postprandiale. Tempo di percorrenza 30 minuti, dislivello 100 m.

Ristorante
La Rupe di Beseno
Via Castel Beseno 6
Loc. Maso Trapp
38060 Besenello
Tel. 0464 834132

50 all'interno, 30 nel giardino riparato da un grande tendone.

Aperto tutto l'anno. Domenica sera e lunedì chiuso per riposo.

50 BAR RISTORANTE GROTT STUBE

La vallata del Rio Cavallo (Rosbac) sbocca nei pressi di Calliano, un borgo lungo la Valle dell'Adige. Su un fianco della vallata, a 870 m di altitudine, sorge l'agglomerato di Guardia il cui nome deriva da un'antica postazione di vedetta eretta a difesa del vicino Castel Beseno. In questo villaggio seminascosto si incontra il rinomato Ristorante Grott Stube. Le eccellenti doti culinarie di Tiziano Grott, cuoco e titolare, fanno sì che il locale sia sempre affollato, nonostante la sua posizione defilata rispetto alle maggiori vie di transito.

Mangiare | Bere

Tiziano attinge a piene mani alla gastronomia trentina e ancor più alla buona e leggera cucina italica. Pochi ma irresistibili i piatti proposti, che variano secondo stagione: tagliatelle "alla Ussara" condite con abbondante paprica, ravioli ripieni agli asparagi, fusilli alla rucola e formaggi locali, gnocchi con funghi porcini, coniglio arrosto, agnello al cumino. Deliziosi anche i dolci. "Ma la gente vuol sempre polenta e strudel", sospira Tiziano con tono leggermente esasperato (il giusto, e solo perché lui ama cucinare, attività che per inciso gli riesce proprio bene...).

Come arrivare

Strada statale 350 da Calliano a Folgaria, bivio per Serrada all'altezza di Mezzomonte; 5 km fino a Guardia.

Attrattive e curiosità

Cirillo Grott, il padre di Tiziano, era un noto ed eclettico artista scomparso nel 1990. A lui si deve la trasformazione del paese in una sorta di museo a cielo aperto. Nel suo vecchio atelier è esposta una selezione delle sue opere (quadri e sculture in legno e in bronzo).
Ogni due anni a Guardia si tiene un incontro di artisti che, nell'occasione, realizzano murales e sculture lungo le vie del borgo contribuendo ad accrescere l'interesse del paese sotto il profilo artistico.

Escursioni

- Nei pressi del ristorante parte il sentiero per la cascata dell'Hofentòl, consigliabile soprattutto in primavera, quando l'acqua scorre abbondante. Le radici germaniche di molti toponimi locali si spiegano con l'antica presenza di coloni cimbri nella zona.
- Da Castel Beseno a Guardia: un vecchio sentiero scende dal castello verso la strada per Folgaria, la attraversa e, in prossimità di Dietrobeseno, si immette sulla via che porta alla sottostante vallata del Rio Cavallo (Rosbac). Risalendo poi per lo più per ampia strada forestale, il tragitto raggiunge l'abitato di Ondertol e poco dopo quello di Guardia. Tempo di percorrenza 1,5 ore, dislivello 450 m.

Bar Ristorante Grott Stube
Guardia 48
38064 Folgaria
Tel. 0464 720190
www.grott.net

30 posti all'interno.

Aperto tutto l'anno.
Si consiglia la prenotazione.
In bassa stagione chiuso il lunedì.

51 LOCANDA D & D – MASO SASSO

Il nome ufficiale di questo ristorante immerso tra i vigneti che sovrastano la città di Rovereto e la Valle dell'Adige sarebbe Locanda D & D, con riferimento ai cinque fratelli Dossi che vi lavorano a vario titolo. Gli abitanti della zona lo conoscono però come Maso Sasso, dal nome dell'antico e rustico edificio in cui trova posto. Le emozioni iniziano sin dalla via di accesso al locale, una strada lastricata con tratto finale fiancheggiato da due filari di cipressi, e continuano con la vista mozzafiato che si gode dal terrazzo naturale proteso sulla Vallagarina e Rovereto. La dicitura "locanda" è senz'altro riduttiva: il servizio e i prezzi collocano questo locale tra i ristoranti di fascia più elevata.

Mangiare | Bere

La proposta gastronomica è all'insegna di un raffinato connubio tra cucina italiana e trentina, con l'utilizzo di prodotti di prima qualità. La farina di polenta è fatta con il granoturco coltivato e macinato in proprio. Naturalmente anche la pasta è fatta in casa, come pure il pane. I piatti forti sono le grigliate, preparate sul grande camino davanti agli ospiti, le tagliatelle con ragù di coniglio, la polenta con funghi e salsiccia. Da segnalare anche i dolci: tortine di grano saraceno servite tiepide e semifreddi. Ampia scelta di vini, con prevalenza di etichette locali.

Come arrivare

Superati Villa Lagarina e Nogaredo si attraversa il borgo di Sasso e si punta al maso che svetta solitario sul pendio, distinguendosi già da lontano.

Attrattive e curiosità

- Nogaredo fu teatro di un capitolo nero della storia locale: nel 1646 vi si tenne uno dei più noti processi alle streghe. Cinque donne, vittime dell'astio e del fanatismo religioso dei loro compaesani, furono condotte sul vicino Colle delle Giare per essere decapitate e poi bruciate sul rogo. Queste figure sopravvivono ancora oggi nella memoria collettiva locale: a Nogaredo c'è perfino un Ristorante Alle Strie.
- Tra gli esponenti dei Lodron, una famiglia nobile originaria della Vallagarina, si ricorda Paride Lodron, arcivescovo di Salisburgo che si distinse per il suo operato. Durante i trentasei anni trascorsi nella città austriaca promosse tra l'altro la costruzione del Duomo. Alla sua iniziativa si devono anche alcuni significativi edifici nel suo paese natale, come l'ampliamento della bella chiesa parrocchiale barocca e l'annessa fastosa cappella di S. Ruperto.

Escursioni

Il sentiero per il lago di Cei, una gemma adagiata nel bosco sulle pendici orientali del Monte Stivo, parte dall'agglomerato di Castellano, sopra Villa Lagarina. Con una curva a sinistra si inoltra dapprima tra i campi, poi nel bosco di faggi fino all'antica tenuta nobiliare di Casa Daiano; salendo prosegue verso l'autostrada e oltre fino al lago (buon punto di ristoro presso l'Albergo Lago di Cei). Un comodo sentiero nel bosco punta a est verso il biotopo Lago Prà dall'Albi. Un sentierino con indicazioni conduce infine all'antichissima chiesetta di San Martino, in straordinaria posizione panoramica. Andata e ritorno 4 ore, dislivello 220 m.

Locanda D & D – Maso Sasso
Via Maso 2
38060 Nogaredo
Tel. 0464 410777

70 all'interno, altri 70 all'aperto.

Aperto tutto l'anno, martedì giorno di riposo.

MARKETING SAIT
SUPERMERCATI TRENTINI
FAMIGLIA COOPERATIVA
da sempre...
... vicini a casa tua

52 CASA DEL VINO

Isera è un grazioso paese sulla Destra Adige, nel cuore della Vallagarina. Qui sorge il palazzo seicentesco sapientemente ristrutturato che ospita la Casa del Vino. L'immobile è di proprietà del Comune, ma viene gestito da una cooperativa formata da una ventina di produttori vinicoli al fine di promuovere i vini e la gastronomia locali. La terrazza offre una splendida vista sulla Valle dell'Adige; il locale arredato con semplici tavoli di legno risulta rustico e accogliente.

Attrattive e curiosità

- Nel centro di Isera sono stati scavati negli anni '70 i resti di una villa romana risalente all'età augustea (fine I secolo a.C.). L'edificio, un *unicum* nel suo genere in tutto il Trentino-Alto Adige, è composto da ambienti padronali, locali per la servitù, riscaldamento a *hypocaustum* e impianto termale. I reperti raccolti durante gli scavi sono esposti al Museo Civico di Rovereto. Il sito archeologico può essere visitato con una guida prenotando al numero 0464 439055 o tramite E-mail museo@museocivico.rovereto.tn.it
- Il vero capoluogo del Trentino, anche se solo in via ufficiosa, fu per lungo tempo Rovereto. Qui la ricca borghesia locale fondò l'esclusiva Accademia degli Agiati, di cui fu ospite anche Mozart durante il suo viaggio in Italia. La città vecchia è un'oasi medievale, con le case addossate l'una all'altra intorno al colle sul cui troneggia il Castello di Rovereto. Due le visite raccomandate: al MART (Museo d'Arte Moderna e Contemporanea), ospitato in un nuovo edificio dalle interessanti architetture, e al Museo della Guerra allestito tra le mura del Castello cittadino.

Mangiare | Bere

Anche se vantano un'esperienza di livello internazionale, i giovani gestori Luca Bini e Oreste Paoli non amano gli esperimenti culinari: il menu offre piatti tradizionali di stagione presentati con un tocco di fantasia, come la polenta di Storo (con farina di mais coltivato nell'omonimo paese nella Valle del Chiese), l'orzetto, la trota al cartoccio, gli gnocchi di patate con aringa affumicata (una prelibatezza tipica della zona) e gli strangolapreti. Ampia scelta di vini (naturalmente anche in vendita) a prezzi interessanti.

Come arrivare

Casello autostradale di Rovereto Nord, provinciale della Destra Adige in direzione sud fino a Isera (5 km).

Escursioni

- Proprio di fronte a Isera, sulla sponda opposta dell'Adige, sorge Borgo Sacco, un quartiere di Rovereto con importanti trascorsi di porto fluviale. Vi si possono ammirare belle case e un'ampia piazza che si affaccia direttamente sul fiume; il percorso lungo l'argine, concepito come pista ciclabile, risulta adatto anche per fare quattro passi a debita distanza dal traffico.
- Le coltivazioni terrazzate della Vallagarina custodiscono vari luoghi pittoreschi. Per scoprirli si può percorrere il "sentiero delle spughe" che si snoda tra campi e filari di vite. Le spughe sono avvallamenti, buche e pieghe nel terreno provocate dall'erosione del sottofondo calcareo. L'itinerario parte da Isera (234 m) e sale a Folas (371 m), quindi piega a sinistra attraverso il bosco e i prati fino al paesino di Lenzima (604 m). Dalla strada sulla destra per Patone si dirama presto il sentiero per Castel Corno, un rudere sottoposto di recente a un radicale intervento di ristrutturazione: consigliamo vivamente questa deviazione! Da Patone su strada carrozzabile si torna direttamente a Folas e a Isera. Tempo di percorrenza 3,5 ore, dislivello 600 m.

Casa Del Vino
Della Vallagarina
Enoteca
Piazza S. Vincenzo 1
38060 Isera
Tel. 0464 486057

80 all'interno, distribuiti in tre sale arredate con gusto; 32 in terrazza.

Aperto tutti i giorni dalle ore 10.00 alle 24.00.

53 RISTORANTE MALGA SOMATOR

A est di Rovereto, là dove le propaggini del Monte Stivo si gettano nella Valle dell'Adige, su un balcone naturale a 1310 m di altitudine sorge la Malga Somator. La popolare meta di escursioni è raggiungibile a piedi dal Passo Bordala lungo una strada pianeggiante e scarsamente trafficata, ma in compenso affollata da schiere di gitanti e famiglie con carrozzine. La vista dalla terrazza panoramica del locale abbraccia la sottostante città di Rovereto, i rilievi che s'innalzano sul versante opposto della Valle dell'Adige e le Dolomiti.

Mangiare | Bere

Thomas Parisot, diplomato alla scuola alberghiera di Rovereto, ama portare nuove idee in cucina e alle ricette tradizionali trentine affianca specialità a base di verdure della Val di Gresta. Nel menu non mancano dunque le proposte vegetariane, come la minestra di carote con porri e patate o gli *Spätzle* (gnocchetti) di zucca. Verze e crauti fanno da contorno all'immancabile coniglio arrosto. Come dessert c'è la torta di carote. Atmosfera semplice e cordiale!

Come arrivare

Strada Mori-Loppio, poco prima di Loppio deviazione per la Val di Gresta, direzione Passo Bordala e lago di Cei. Giunti al passo, seguire l'indicazione per Malga Somator (1,5 km su stradina asfaltata).

Attrattive e curiosità

- La Val di Gresta, con imbocco dal Passo Bordala, è rinomata per i suoi ortaggi. Sui piccoli campi terrazzati sorretti da graziosi muri a secco, a una quota compresa tra 500 e 1300 m, si coltivano svariate verdure, spesso con metodi di agricoltura biologica. I prodotti possono essere acquistati presso il consorzio ortofrutticolo sito nel paese di Ronzo-Chienis. Visite guidate per bambini alle aziende biologiche. Informazioni e prenotazioni: www.val-di-gresta.it
- La chiesetta romanica di Sant'Agata si staglia in beata solitudine su una sporgenza naturale ai piedi della Malga Somator. La zona doveva essere abitata già nel Medioevo, ma la peste, che si ritiene abbia mietuto un migliaio di vittime, indusse i pochi superstiti ad abbandonarla.

Escursioni

- Alle spalle della Malga Somator si innalza il Monte Biaena, una bella cima panoramica. Il sentiero 671 conduce dalla malga alla vetta (1618 m) procedendo dapprima pianeggiante in mezzo al bosco e poi in costante ascesa fino alla cima, dove si incontra una baita gestita d'estate nei fine settimana. Sul pianoro sommitale affiorano ancora i resti delle postazioni austriache erette durante la Prima guerra mondiale. Ritorno alla Malga Somator lungo uno stretto e ardito sentiero in cresta (segnavia 673) accompagnati da splendidi panorami. Il tratto più esposto è dotato di una robusta passerella metallica con parapetto; si consiglia tuttavia di tenere i bambini per mano. Tempo di percorrenza 2,5 ore, dislivello 350 m.

Ristorante Malga Somator
Somator – Passo Bordala
38060 Ronzo-Chienis
Tel. 0464 802626 oppure 338 6398698

40 all'interno, 60 all'esterno.

Aperto tutto l'anno, da ottobre a maggio solo venerdì, sabato e domenica. Non ha giorno di riposo.

54 AGRITUR MALGA MORTIGOLA BONGIOVANNI

Le pendici nord-orientali del Monte Baldo digradano a balze verso la Valle dell'Adige: su un'ampia terrazza coperta da un prato verdeggiante sorgono il borgo di San Giacomo e la vicina Malga Mortigola (1156 m). La perseveranza contadina ha fatto di questo luogo un piccolo regno agrituristico, con la pensione El Casel, una grande stalla e l'annesso caseificio, il laghetto per la pesca, i campi di patate, cipolle, zucchine, radicchio, insalata e fragole (in vendita) e un allevamento di maiali, galline e conigli.

Mangiare | Bere

Il cuoco del locale si attiene alla tradizione gastronomica trentina: tagliatelle fatte in casa, strangolapreti, canederli, polenta con arrosto di coniglio o di cervo. Famose sono le merende a base di affettati, formaggi assortiti e rotoli di filetto di trota e spinaci. Molti prodotti sono preparati in casa, come i salami, la pancetta, la soppressa, il miele e i formaggi, venduti anche nel negozio annesso all'azienda. La famiglia titolare dell'agritur possiede una tenuta vinicola nei pressi di Sabbionara d'Avio, nella Valle dell'Adige, e gestisce la cantina Bongiovanni con vendita diretta; suo è naturalmente il vino che si beve alla Malga Mortigola.

Agritur Malga Mortigola Bongiovanni
Loc. Mortigola
38060 Brentonico
Tel. 0464 391555

40 all'interno; altri 40 all'esterno, all'ombra di vecchi meli e pruni.

Aperto tutto l'anno, chiuso 15 giorni in novembre. In bassa stagione chiuso il lunedì.

Pernottamento

15 posti letto in 9 camere, tutte con bagno, nonché 2 appartamenti da 4 e 6 persone.

Come arrivare

La malga dista 5 km da Brentonico; accesso segnalato da un grande cartello di legno nei pressi di un tornante prima di San Giacomo.

Attrattive e curiosità

- Nella frazione di Sorne, a sud di Brentonico, lungo il torrente Sorna sorge l'antico mulino Zeni, recentemente restaurato e rimesso in funzione. Informazioni per visite guidate: tel. 0464 395203
- A Palazzo Eccheli-Baisi, oggi sede del Comune di Brentonico e dell'Azienda di Promozione Turistica, è stato allestito un interessante Museo del Fossile con oltre mille esemplari raccolti nei dintorni e donati alla comunità da Osvaldo Giovanazzi. Informazioni: tel. 0464 395149

Escursioni

- Da San Giacomo, stazione di villeggiatura cresciuta attorno a un'antica chiesetta, un albergo e un paio di malghe, parte un ripido sentiero che si trasforma poi in un viottolo campestre (n. 622) fino alla Malga Campo (1635 m). Il percorso prosegue inerpicandosi tra i prati fino al Monte Altissimo (2079 m), il cui erboso pianoro sommitale accoglie un rifugio alpino. Ascensione 2,5 ore, dislivello 900 m.
- *Pont del Diaol*, questo è il nome popolare del ponte che fu costruito su una profonda forra tanto tempo fa. La leggenda vuole che due compari di bevute, sorpresi dal diavolo mentre rientravano a casa, si siano talmente spaventati da cadere dal ponticello e precipitare nelle acque del torrente. Il ponte è raggiungibile a piedi in 20 minuti dalla piazza di Corné (borgata a sud-est di Brentonico).

55 RIFUGIO FOS-CE

Il Monte Baldo forma una dorsale rocciosa che separa il lago di Garda dal fiume Adige e che a est digrada verso valle con ampie balze erbose; una di esse, posta sotto la cime del Monte Altissimo, accoglie la Malga Fos-ce (1430 m), gestita da Domenico Barbieri e Isabella Caprara e appartenente al patrimonio di rifugi della SAT (la sezione trentina del CAI) di Brentonico.

Mangiare | Bere

Isabella Caprara ha dismesso i panni di dipendente pubblica per dedicarsi ai fornelli. Come si addice a un locale rustico in sintonia col territorio, il menu è all'insegna della cucina tipica: canederli in brodo, orzetto, gnocchi di spinaci ed erbette, polenta con funghi e lucanica trentina, a volte anche arrosto di coniglio e, come dessert, torte assortite. Il momento migliore per una sosta al rifugio è la sera, quando la maggior parte dei gitanti ha già preso la via del ritorno e si può stare sulla terrazza a contemplare indisturbati il tramonto.

Pernottamento

8 spartani posti letto con doccia in comune.

Come arrivare

2,5 km da San Valentino. Strada asfaltata ad accesso libero in estate, negli altri mesi chiusa al traffico e percorribile solo a piedi.

Attrattive e curiosità

Lo straordinario patrimonio floristico del Monte Baldo ha indotto le autorità a porre sotto tutela un'area di 150 ettari intorno all'altopiano e ai pascoli di Corna Piana e Bes. Uno degli itinerari botanici nella riserva parte proprio dal Rifugio Fos-ce, dove si possono raccogliere informazioni sulle varie opportunità escursionistiche direttamente dai titolari oppure consultando i libri e le pubblicazioni a disposizione degli ospiti.

Escursioni

- L'ascensione all'Altissimo è un itinerario obbligato dal Rifugio Fos-ce. Una vecchia e tortuosa strada militare (n. 633) parte dalla Bocca del Crèer (1617 m, posto di ristoro al Rifugio Graziani) e sale alla piatta sommità erbosa che ospita il Rifugio Damiano Chiesa (2079 m); ritorno un po' più lungo passando per Malga Campo (segnavia 650). Tempo di percorrenza 3-4 ore, dislivello 550 m.
- Il Corno della Paura è una piccola cupola panoramica il cui versante sud precipita in verticale verso la Vallagarina. L'altura è raggiungibile in 1 ora scarsa da San Valentino lungo il comodo sentiero 686 che attraversa un pendio erboso e costeggia gli impianti sciistici della Polsa; dislivello 200 m. L'itinerario prosegue immettendosi nel "Sentiero della Pace".

Rifugio Fos-ce
San Valentino
38060 Brentonico
Tel. 0464 391450

35 all'interno, 50 sulla terrazza panoramica all'aperto.

In alta stagione aperto tutti i giorni, in bassa stagione solo venerdì, sabato e domenica.

56 ALBERGO RISTORANTE AURORA

La Vallarsa, nell'estremo lembo nord-orientale del Trentino, corre da Rovereto verso i frastagliati rilievi del Pasubio. Angusta e desolata nel suo tratto inferiore, si fa sempre più ampia e popolata mano a mano che risale verso le montagne. La strada che l'attraversa, una teoria di curve e controcurve che ne fa una delle "piste" preferite dai motociclisti, raggiunge il Veneto superando il Passo Pian delle Fugazze. A metà circa della valle, nella piazza del paese di Parrocchia, incontriamo la nostra meta, il buon Ristorante Aurora con piccolo albergo annesso.

Mangiare | Bere

Sara e Sabina, due belle e giovani sorelle, conducono con stile il locale. Sara, forte di una valida formazione nel settore alberghiero, tiene alto il nome della cucina proponendo soprattutto specialità locali. Delicati gnocchi di patate e ricotta, rotolo di spinaci, risotto con i funghi raccolti da papà Pezzato. I piatti forti sono l'immancabile carne *salada*, la polenta con i funghi e la selvaggina procurata sempre dal signor Pezzato, provetto cacciatore.

Come arrivare

20 km dopo Rovereto sulla strada per Vicenza.

Pernottamento

10 camere moderne con 30 posti letto. L'albergo rilascia anche i permessi di pesca e dunque non è difficile trovarvi clienti con ami e lenze.

Attrattive e curiosità

- Il Museo della Civiltà Contadina della Vallarsa, con una collezione di utensili e attrezzi di lavoro distribuita in diverse sale tematiche, illustra i mutamenti della vita e delle attività umane nel corso dei secoli. Vallarsa, Riva, tel. 0464 860016, ingresso libero; prenotazione visite guidate: tel. 0464 869181.
- Al Passo Pian delle Fugazze è stato eretto un monumento ai caduti della Prima guerra mondiale che induce alla riflessione.

Escursioni a piedi e in bicicletta

- Il territorio del Pasubio, le cosiddette "Piccole Dolomiti", fu aspramente conteso durante la Grande Guerra. Le vecchie strade militari sono oggi tra i percorsi preferiti dai mountain bikers. Il giro del Pasubio è un classico itinerario che parte dal Passo Pian delle Fugazze (1162 m), percorre la "Strada degli Eroi" verso il Rifugio A. Papa (massima elevazione, 1934 m), scende al Passo di Xomo (1058 m), segue un tratto asfaltato fino a Ponte Verde (punto più basso, 901 m) e ritorna al Passo Pian delle Fugazze. 29 km, 4 ore ca., dislivello 1100 m, difficoltà media.
- Da Parrocchia, in pochi minuti di automobile o in un quarto d'ora a piedi, si raggiunge l'ameno laghetto alpino di Poiani, dove si pratica la pesca sportiva. Le sue sponde erbose sono un invito all'ozio; tavoli e panche per il picnic, nonché un piccolo bar per rifornirsi di bibite, gelati e spuntini.

Albergo
Ristorante Aurora
Fam. Pezzato
Parrocchia 32
38060 Vallarsa
Tel. 0464 869141

45 all'interno, 12 ai tavoli nella piazza del paese.

Aperto tutto l'anno.
Giorno di riposo giovedì.

57 ALBERGO LUSERNARHOF

Luserna è pur sempre un'isola, ancorché linguistica. In questo paese adagiato su un terrazzamento al confine con le Prealpi venete si parla ancora oggi un tedesco di antiche origini, il cimbro. Il piccolo Albergo Ristorante Lusernarhof, in posizione aperta e soleggiata, fu una delle poche case a non cadere sotto il fuoco dei cannoni nella Prima guerra mondiale. Oggi l'edificio è di proprietà del Comune che lo ha restaurato a regola d'arte.

Mangiare | Bere

La famiglia Zotti gestisce sia l'albergo che il ristorante. Dopo venti anni trascorsi al servizio dei migliori locali del Trentino, oggi il signor Bruno detiene personalmente lo scettro della cucina. Pappardelle con funghi porcini, canederli in tutte le salse, tortelloni con ripieno di patate e speck abbrustolito, polenta bianca (di patate) e selvaggina sono solo alcune delle delizie che inducono anche i veneti a macinare chilometri per sedersi ai tavoli del Lusernarhof. Superbi i dolci: torta di ricotta con frutti di bosco, tranci al limone, torta di carote.

Come arrivare

Lungo la strada n. 349 Lavarone-Asiago, all'altezza dell'Albergo Monterovere si piega a sud per imboccare la comoda strada asfaltata che porta a Luserna (5 km).

Pernottamento

28 posti letto in 15 confortevoli camere.

Attrattive e curiosità

- "Bolkhent in Lant von Cimbar!" (benvenuti nella terra dei Cimbri), così suona l'antico dialetto germanico parlato a Luserna. Per conoscere la storia, la lingua, la cultura, ma anche l'habitat naturale della zona si possono visitare la Casa-museo Haus von Prükk e il Centro Documentazione Luserna. Informazioni: tel. 0464 789638, www.lusern.it
- Una capatina al cimitero del paese riserva una strana sorpresa: quasi tutte le lapidi recano il medesimo cognome, Nicolussi. La curiosa coincidenza si è ripetuta qualche tempo fa anche in occasione delle elezioni per il rinnovo del Consiglio comunale: su trenta candidati, venticinque si chiamavano Nicolussi! Come fanno allora gli abitanti di Luserna a distinguersi? Semplice, aggiungono al nome di famiglia quello del vecchio podere di provenienza: Nicolussi-Castellan, Nicolussi-Galeno ecc.

Escursioni

- Nella Prima guerra mondiale il fronte italo-austriaco correva vicinissimo a Luserna, che fu distrutta quasi completamente. Gli austriaci allestirono una linea difensiva articolata in varie strutture fortificate e il cui bastione principale era Forte Lusern (o Forte Cima Campo). L'imponente manufatto, con un volume di 200 000 m^3, un'impressionante potenza di fuoco garantita da obici, cannoni e mitragliatrici, nonché una guarnigione di trecento soldati, sembrava inespugnabile al punto da essere soprannominato il "Padreterno". Un sentiero da Luserna conduce alle rovine del forte che si presentano appena fuori dal bosco, in perfetta posizione di controllo.

Albergo Ristorante Lusernarhof
Fam. Zotti
Tezze/Tetsch 43
38040 Luserna/Lusern
Tel. 0464 788010
www.lusernarhof.it

45 all'interno; sul prato antistante alla casa non si effettua servizio ristorante.

Aperto tutto l'anno. In bassa stagione chiuso il martedì. È gradita la prenotazione.

58 CHALET LA TANA INCANTATA

Il vasto altopiano di Lavarone, costellato di prati, pascoli e foreste e coronato a nord da una catena di alti rilievi, si estende nel Trentino sud-orientale. Il suo settore occidentale è situato in provincia di Trento, quello orientale nel Veneto. Lo Chalet La Tana Incantata (1380 m) sorge sulla cupola boschiva di un monte nei pressi di Lavarone.

Mangiare | Bere

Da quarant'anni lo chef Enzo si dedica con tutta l'anima alla cucina. La sua specialità sono i dorati cannelloni ripieni di formaggio, impanati e fritti. Non mancano alcuni saporiti *must* della cucina trentina come la polenta gialla e la famosa polenta di patate di Lavarone, servite con salsicce fatte in casa, carpaccio, pancetta o giardiniera di verdure. Curioso è il *tonco de pontesel*, antica ricetta della cucina povera: dopo aver abbrustolito e tolto dal tegame una grossa fetta di *lucanica* trentina, se ne allungavano i rimasugli con acqua, latte e farina. L'intingolo, da consumare con la polenta, conservava solo un vago sapore della carne usata inizialmente.

Come arrivare

Dalla frazione di Bertoldi a Slaghenauffi (1 km); finito l'asfalto si prosegue ancora per un tratto su strada sterrata. La seggiovia da Bertoldi all'alpeggio di Tablat e alla Tana Incantata è in funzione sia d'estate che d'inverno. Naturalmente il locale è raggiungibile anche a piedi (per la descrizione del percorso v. sotto). Nella stagione invernale si arriva alla Tana Incantata anche con la motoslitta (tel. 0464 783430).

Attrattive e curiosità

Lungo la strada che attraversa Tobia, frazione di Lavarone, è impossibile non notare il Museo del Miele con annesso punto vendita. La mostra, articolata su tre piani, illustra l'incessante attività delle api, nonché i metodi e l'evoluzione della produzione del miele.
Informazioni: tel. 0464 783315, www.museodelmiele.com

Escursioni

- Da Slaghenauffi alla Tana Incantata. In automobile da Bertoldi a Slaghenauffi per stradina asfaltata (1 km; cimitero militare austroungarico della Prima guerra mondiale), quindi a piedi lungo il sentiero 8 in costante salita. Dopo un quarto d'ora si piega a destra per imboccare la strada carrozzabile sterrata (segnalata) che s'inoltra in un fitto bosco e sbuca sulla sommità montuosa con il nostro ristorante. Tempo di percorrenza 30 minuti, dislivello 180 m.
- Il settore trentino dell'altopiano di Lavarone è solcato da una fitta rete di vecchi sentieri militari semipianeggianti; oggi dotati di segnalazioni, essi formano un itinerario denominato "100 chilometri dei Forti", percorribile in mountain bike o a piedi. Il circuito passa anche dalla Tana Incantata. Le carte dettagliate della zona sono disponibili gratuitamente nelle agenzie turistiche e negli alberghi.

Chalet La Tana Incantata
Fam. Enzo Lanzini
Monte Tablat, stazione di monte della seggiovia Bertoldi-Tablat
Tel. 335 7080309 oppure 0464 783430
www.tanaincantata.it

110 all'interno, 30 in terrazza, altri 40 sotto un tendone.

Aperto tutto l'anno, in bassa stagione solo nei fine settimana o su prenotazione. Fuori stagione chiuso il lunedì.

VALSUGANA, TESINO E VALLE DEL FERSINA

Una moderna superstrada con gallerie e viadotti permette oggi di superare agevolmente la stretta barriera rocciosa a est di Trento. Dopo pochi chilometri si apre l'ampia cesura della Valsugana che mette in comunicazione il Trentino orientale con il Veneto. Il fiume che bagna la vallata è il Brenta, preceduto nella parlata locale dall'articolo femminile. A sud si profilano aspre pareti rocciose, all'apparenza inaccessibili, dietro le quali si estende l'ameno altopiano di Asiago. A nord, la catena color ruggine del Lagorai, con le sue vette protese verso il cielo, accoglie alpeggi e rilievi costellati di laghetti dalle acque cristalline. In poche parole, un territorio ideale per chi ama le escursioni in solitudine tra paesaggi incontaminati. Alta e Bassa Valsugana sono "divise" dalla chiusa di Borgo. Nel tratto superiore, contraddistinto dai laghi di Caldonazzo e Levico, sono situati i centri di Levico, Vetriolo e Roncegno, famosi da oltre un secolo per le loro acque terapeutiche. Gli stabilimenti termali, dotati delle più moderne attrezzature, attirano una folta clientela. Il capoluogo dell'Alta Valsugana è Pergine, da dove si diparte la Valle dei Mòcheni o del Fèrsina, una piccola isola etnolinguistica tedesca. Borgo Valsugana è invece il centro principale del tratto inferiore della valle. Rupi e montagne nascondono alla vista la conca del Tesino, il ridente altopiano disseminato di pittoreschi villaggi che si allarga alle loro spalle.

59 PAOLI HOTEL – ANTICA TRATTORIA ALLA VEDOVA

Ai piedi dell'altopiano di Luserna, immerso fra prati verdeggianti e coronato da frutteti sorge l'Hotel Paoli, noto ai più come Trattoria alla Vedova. La licenza di pubblico esercizio risale al lontano 1919. Insieme a Elsa Paoli, classe 1931, nell'azienda a conduzione familiare lavorano contemporaneamente tre generazioni, la quarta sta crescendo. La rustica trattoria di un tempo si è trasformata in un albergo dotato di ogni comfort, con area attrezzata per i bambini e maneggio.

Mangiare | Bere

In tavola non arrivano solo piatti tipici trentini ma anche un buon assortimento di specialità della cucina italiana. Particolarmente apprezzati sono la selvaggina, la fiorentina e la polenta con arrosto di cervo. Tra le proposte fisse del menu c'è anche il pesce, così come lo strudel con salsa di vaniglia a fine pasto.

Pernottamento

30 camere confortevoli per complessivi 60 posti letto.

Come arrivare

Da S. Giuliana, sulla SS 47, accesso su strada asfaltata (1,5 km).

Attrattive e curiosità

- La trattoria è situata all'inizio della tortuosa stradina scavata nella roccia che si arrampica dall'altopiano di Luserna fino al Passo Vezzena. Il tracciato fu costruito nella Prima guerra mondiale dai *Kaiserjäger*, come ricorda ancora il suo nome, per permettere i rifornimenti militari. Un avviso agli automobilisti meno esperti: i tornanti sono stretti e l'incrocio con altre vetture può rivelarsi tutt'altro che agevole; inoltre il percorso, con i suoi bellissimi scorci sul lago di Caldonazzo e la Valsugana, è apprezzato e conseguentemente assai frequentato anche da ciclisti e motociclisti.
- Di fronte alla chiesa di Caldonazzo sorge la Magnifica Corte, residenza dei conti Trapp. Tra le sue mura, dove a partire dal XIII secolo si amministrò la giustizia, trovano oggi posto un esercizio ricettivo e un maneggio.

Escursioni

- La trattoria è la base di partenza per un itinerario circolare sull'altopiano di Luserna: un ameno sentiero, assicurato in alcuni punti da scalette, attraversa la Val Scura. Dopo 2 ore di cammino si raggiunge il punto più elevato, lo Spiazzo Alto (sosta raccomandata al ristorante Monte Rovere). Ritorno sul Sentiero Europeo E5 lago di Costanza – Mare Adriatico. Dislivello 750 m.

Paoli Hotel – Antica Trattoria Alla Vedova
Fam. Paoli
Lochere
38052 Caldonazzo
Tel. 0461 706186
www.paolihotel.it

350 distribuiti in varie sale su due piani; altri 60 nel giardino antistante alla casa.

Aperto tutto l'anno. In bassa stagione chiuso il lunedì.

60 MALGA MONTAGNA GRANDA

Da Levico un'ampia strada panoramica guadagna quota con una fitta serie di tornanti e giunge a Vetriolo Terme, rinomato luogo di cura. Da qui si dirama un'ulteriore strada che conduce alla base degli impianti del comprensorio sciistico Panarotta 2002. Vicino al parcheggio appare la Malga Montagna Granda (1574 m). Il paesaggio circostante è davvero grandioso; l'occhio può spaziare sulla Valsugana e fino alle basse montagne dietro le quali si trova la città di Trento, oppure seguire il profilo disegnato dalle massime elevazioni dell'Adamello, del Brenta e dell'Ortles allineate all'orizzonte. Alle spalle di chi osserva, pascoli e cespugli di rododendri si spingono fino alla sommità del Monte Panarotta.

Mangiare | Bere

Walter Stiffan è originario del Veneto, ma stando quassù ha imparato a cucinare buoni piatti trentini, a cominciare dagli strangolapreti con erbette di montagna, seguiti dalle tagliatelle con ragù di selvaggina, dai saporiti tortelloni e dalla pasta con funghi freschi. Il menu offre sempre *Gulasch* e canederli, spesso anche selvaggina, crauti, verze e polenta con lumache. Per favorire la digestione ci sono le grappe aromatizzate in proprio, come quella amara alla genziana.

Come arrivare

13 km da Levico a Vetriolo Terme, altri 1,8 km su strada asfaltata fino alla malga.

Attrattive e curiosità

A Vetriolo (1500 m) sorge un complesso termale completamente rinnovato. I prestigiosi edifici risalgono al secolo scorso, il comfort tiene invece il passo con le più recenti innovazioni nel campo della moderna industria del benessere. Le acque arsenicali-ferruginose della vicina sorgente sono impiegate a scopi terapeutici. Chi ama il sole può scegliere tra i prati attorno alla nuova piscina o il solarium che offre trattamenti elioterapici. Sempre in auge sono anche le Terme di Levico, nel fondovalle, con gli edifici immersi in un magnifico parco pubblico (12 ettari) disseminato di alberi secolari. Ai tempi d'oro del turismo di cura, i palazzi *Jugendstil* di Levico ospitavano le *élite* aristocratiche e altoborghesi di tutta Europa. Informazioni: tel. 0461 706077

Escursioni

La meta obbligata dalla nostra malga è il Monte Panarotta. Anche se d'estate le due seggiovie che portano alla cresta sono chiuse, funi e piloni rappresentano un inevitabile elemento di disturbo in questo scenario altrimenti magnifico. Dalla malga al Rifugio Panarotta 1,5 ore, dislivello 500 m. Chi vuole arrivare ancora più su, può provare il sentiero 325 che dalla Cima Storta (1750 m) si addentra in una bassa selva di rododendri e, tenendosi sul margine boschivo, giunge alla sella della Bassa (1834 m) e quindi alla cresta del Monte Fravort (2347 m). Il tratto finale sotto la cima è ripido e richiede un passo sicuro. Ascensione da Malga Granda 2,5 ore, dislivello 900 m.

Malga Montagna Granda
Panarotta 1
38056 Levico
Tel. 0461 701800

50 distribuiti in due semplici sale in stile rustico; ampio spazio sulla soleggiata terrazza esterna, purtroppo disturbata dalle automobili che parcheggiano vicino.

Aperto tutto l'anno. In bassa stagione chiuso il lunedì.

61 RIFUGIO ERTERLE

La casa ristrutturata assomiglia più che altro a un piccolo albergo di montagna. La qualifica di rifugio risale ai tempi in cui questo luogo solitario era raggiungibile dalla valle solo con ore di cammino. Il nonno dell'odierna titolare costruì un piccolo punto di sosta per gli escursionisti già nel 1920. Oggi la strada asfaltata da Roncegno risale fino ai magnifici prati alle falde del Lagorai, una delle aree montane più isolate, estese e affascinanti del Trentino.

Mangiare | Bere

La signora Stefania è regina indiscussa in cucina, dove prepara semplici ma buone pietanze tradizionali. Particolarmente apprezzati i canederli, le salsicce, le puntine e il *tonco del pontesel*, un piatto della cucina povera la cui versione originale prevedeva di arrostire alcune fette di salsiccia, allungare con acqua, latte e farina il grasso che lasciavano sul fondo della padella e usare il tutto per insaporire la polenta. Come dolce c'è lo strudel di mele.

Pernottamento

14 posti letto in 7 camere, 3 con bagno autonomo, le altre con servizi in comune.

Come arrivare

11 km da Roncegno.

Attrattive e curiosità

- Le Terme di Roncegno acquisirono grande notorietà nel XIX secolo, quando erano frequentate dall'alta aristocrazia europea per praticare le cure con le acque arsenicali-ferruginose della sorgente locale. A quell'epoca risale la costruzione del lussuoso Hotel Palace, oggi trasformato nella Casa di Salute Raphael, all'avanguardia per l'ampia gamma di trattamenti ispirati alla medicina alternativa di orientamento antroposofico e all'omeopatia. Il centro di cura è circondato da un invitante parco con alti pini silvestri e ippocastani.
- La zona di Roncegno è nota per i suoi castagni, circa 1200 esemplari secondo un censimento. In occasione della "festa della castagna" a fine ottobre è possibile assaggiare varie specialità a base di questo frutto. La coltivazione della castagna è tutelata da un consorzio locale che raduna una cinquantina di agricoltori. Informazioni: tel. 0461 773166

Escursioni

- Con una passeggiata di 20 minuti si raggiunge la chiesetta di S. Osvaldo, in bella posizione panoramica, dove la tradizione vuole che un eremita vivesse già intorno al 1500. Nella Prima guerra mondiale questo territorio fu teatro di sanguinose battaglie in cui centinaia di soldati, sia italiani che austriaci, persero la vita. Le lapidi sulle mura esterne della chiesetta ricordano quei drammatici avvenimenti.
- La mole del Monte Fravort (2347 m), con le sue scoscese pendici erbose, si erge proprio alle spalle del Rifugio Erterle: dalla sella della Bassa (1834 m) si segue lo stretto sentiero E5 lungo la cresta fino al Gronlait; indispensabile un passo sicuro. Ritorno per i sentieri 371 e 372. Tempo di percorrenza 5-6 ore, dislivello 900 m.

Rifugio Erterle
Fam. Silvano Smider
Cinque Valli
38050 Roncegno Terme
Tel. 0461 764081

35 nella simpatica sala da pranzo, 20 in giardino.

Dal 20 giugno al 20 settembre aperto tutti i giorni, da maggio a novembre solo nei fine settimana.

62 AGRITUR RINCHER

La malga che Dario Zottele, originario del Maso Rincheri di Roncegno, ha ampliato e trasformato in un rustico ristorante di montagna si trova in alto sopra Roncegno, a quasi 1700 m di altitudine, sul versante meridionale degli ultimi bastioni del Lagorai. Da qui alle alte quote sono i vasti alpeggi a caratterizzare il paesaggio. Ai piedi della casa si estende un magnifico bosco. Sentieri e strade forestali invitano a effettuare escursioni e comode passeggiate.

Mangiare | Bere

Diego Zottele, figlio di Dario, vanta una solida formazione professionale ed è un cuoco serio e appassionato. Molti degli ingredienti usati in cucina sono di produzione casalinga e biologica; i piatti tipici del territorio sono valorizzati da una preparazione accurata. Tra i primi spiccano i canederli e gli *Spätzle*. Famoso è anche il formaggio fritto accompagnato da melanzane, radicchio, uovo, speck o funghi. Una specialità della casa è la polenta di mais giallo e nero. Sulla terrazza campeggia la griglia per la carne. I dessert – torte, dolci, frutti di bosco con panna – variano secondo stagione. Si può bere vino in caraffa oppure scegliere dalla piccola selezione di etichette rigorosamente trentine.

Pernottamento

L'agritur dispone di 8 posti letto.

Come arrivare

Strada asfaltata da Roncegno (10 km).

Dario Zottele

Attrattive e curiosità

- Nel paesino di Olle, presso Borgo Valsugana, in riva al torrente si può osservare una vecchia fucina perfettamente funzionante. Il meccanismo è azionato dall'energia idraulica mediante una ruota a pale. Il fabbro Onorio Tognolli è lieto di mostrare agli interessati l'impianto che è stato restaurato in collaborazione con il Museo degli Usi e Costumi della Gente Trentina di San Michele all'Adige. Prenotazioni per visite guidate e dimostrazioni: tel. 0461 754143 oppure presso la Biblioteca di Borgo, tel. 0461 754052

Escursioni

- La vetta più elevata della zona è il Monte Gronlait (2383 m), seguito dalla Cima Hoabonti, di pochi metri più bassa; i due toponimi tradiscono la vicinanza con l'isola linguistica tedesca nella Valle del Fèrsina. Dall'Agritur Rincher lungo la Val Portelle (segnavia 371) si raggiunge la sommità del Gronlait. Gli ultimi metri dal ghiaione alla sella e alla vetta sono ripidi e piuttosto faticosi, ma giunti in cima si è ampiamente ripagati da un superbo panorama. Dario Zottele sostiene che quando il Föhn scende da nord a spazzare ogni residuo di foschia dal cielo, all'estremo orizzonte si scorge addirittura la laguna di Venezia! Ascensione 2-3 ore, dislivello 800 m.
- Nelle vicinanze dell'agritur si trova anche il lago delle Prese, piccolo specchio d'acqua alpino compreso in un itinerario circolare di una quarantina di minuti.

Agritur Rincher
Fam. Zottele
Pozze
38050 Roncegno
Tel. 347 8403522
www.rincher.com e
www.agriturrincher.com

20 all'interno; altri 15 sulla terrazza con tavoli e panche massicce.

Da metà giugno a metà settembre aperto tutti i giorni, altrimenti solo nei fine settimana. In bassa stagione chiuso il martedì.

63 OSTERIA HOTEL AL LEGNO

A Borgo Valsugana ha inizio la Val di Sella, caratterizzata da un ameno paesaggio in quota con prati, giganteschi alberi secolari, qualche casetta per la villeggiatura e un paio di esercizi ricettivi. Il più originale è l'Hotel Legno, che però non dispone di camere per gli ospiti. Quando la zona faceva ancora parte del Tirolo e il confine con l'Italia correva a pochi chilometri di distanza, qui sorgeva una baracca di legno che si dice fosse il ritrovo dei contrabbandieri: in Italia entravano tabacco, zucchero in pani e fiammiferi, verso l'Austria uscivano fernet e maiali da allevamento.

Mangiare | Bere

L'ambiente, una felice combinazione tra stile rustico di montagna e gusto giovanile, è curato da Michele Pasquazzo. Il cuoco Giorgio sforna piatti di stagione, come gli gnocchi ai *bruscandoli* (luppolo selvatico) o alle *farinelle* (spinaci selvatici). Molto apprezzate sono anche le carni alla griglia e la selvaggina. Specialità dolce è la "tenerina", una torta di pasta frolla con salsa al cioccolato e vaniglia. Il gelato di propria produzione è servito con fragole o frutti di bosco coltivati in una vicina azienda agricola. Merita un'occhiata la carta dei vini, con diverse etichette selezionate, non solo trentine.

Come arrivare

Una bella strada da Borgo Valsugana si inoltra in Val di Sella (8 km fino all'osteria).

Attrattive e curiosità

"Arte Sella", la manifestazione artistica biennale nata nel 1986, è divenuta un evento di portata internazionale. Su un'ampia strada forestale che si snoda in parte lungo la pendice montuosa e in parte fra i prati del fondovalle, artisti di varie nazionalità hanno realizzato opere con materiali prevalentemente naturali come legno, pietre, foglie e rami. Le creazioni, abbandonate al naturale processo di degrado, simboleggiano la fugacità delle cose e il perpetuarsi del ciclo degli elementi. Uno dei lavori più interessanti è senza dubbio la *Cattedrale Vegetale* di Giuliano Mauri, che in mezzo a una radura ha costruito col legno lo scheletro di una monumentale basilica a tre navate. La vegetazione circostante sta gradualmente ricoprendo l'opera, mentre tronchi e rami di sostegno marciscono e un giorno scompariranno del tutto. Nel 2003 si sono aggiunti i non meno imponenti *Nidi* di Nils-Udo. Informazioni: tel. 0461 593322, www.artesella.it

Escursioni

- Il percorso artistico di Arte Sella, che inizia vicino all'Hotel Legno e conduce alla Malga Costa, rappresenta un'escursione decisamente fuori dell'ordinario. Tempo di percorrenza (secondo la durata delle soste per contemplare le opere) 1,5-2,5 ore, dislivello 150 m. In alta stagione a pagamento.
- La gita all'Eremo di San Lorenzo (1185 m) costituisce una valida alternativa per chi non si sente irresistibilmente attratto dalle nuove espressioni dell'arte. Il sentiero 210 inizia poco prima dell'Hotel Legno e, facendosi sempre più stretto e ripido, conduce alla chiesetta edificata oltre 1000 anni fa, situata in bella posizione panoramica sulla dorsale montuosa. Tempo di percorrenza 1,5 ore, dislivello 350 m.

Osteria Hotel Al Legno
Val di Sella 16
Borgo Valsugana
Tel. 0461 761084 oppure 339 5322264

45 all'interno; 30 sulla terrazza esterna.

In luglio e agosto aperto tutti i giorni a mezzogiorno e la sera. In bassa stagione aperto solo la sera, tranne i fine settimana; chiuso il lunedì e il martedì.

64 ALBERGO RISTORANTE LA RUSCOLETTA

Tra Borgo Valsugana e il Passo Manghen, pochi chilometri dopo Telve, si dirama una stradina diretta all'altopiano di Musiera. Qui sorge l'Albergo Ristorante La Ruscoletta, un piccolo esercizio a conduzione familiare circondato da magnifici prati. La casa dispone di un'area attrezzata per i bambini, una pista coperta per il gioco delle bocce, un campo di pallavolo e, naturalmente, un bel prato con sedie a sdraio per oziare al sole, nonché un noleggio di mountain bike per gli ospiti dell'albergo.

Mangiare | Bere

Maria Borgogno impiega soprattutto prodotti biologici; in tavola arrivano sovente anche piatti vegetariani, preparati con la verdura che proviene in massima parte dall'orto dietro casa. In generale, la cucina è improntata alla tradizione trentina. Tra le specialità figurano le tagliatelle con funghi porcini o, come dolce, il tiramisù biologico e la "torta mora", con cioccolato e nocciole.

Pernottamento

20 camere per complessivi 40 posti letto.

Come arrivare

4 km dopo Telve, sulla strada Borgo Valsugana-Passo Manghen, bivio per l'altopiano di Musiera; 7 km fino all'albergo.

Attrattive e curiosità

Borgo Valsugana è una cittadina ricca di attrattive: ne connotano l'immagine il vecchio ponte sul Brenta, le case con i ballatoi di legno affacciati sul corso del fiume e, soprattutto, Castel Telvana con il suo bel mastio slanciato. Da Castel Telvana esercitarono il loro potere i signori di Castelnuovo-Caldonazzo e, più tardi, i conti di Welsperg, originari della Val Pusteria. Sotto la giurisdizione dei Welsperg si registrò una forte immigrazione tedesca nella zona e vaste aree in quota furono dissodate per costruirvi degli insediamenti. Di quell'epoca rimane testimonianza nei nomi tedeschi di paesi e località minori come Roneri (Roner), Striccheri (Stricker), Bebber (Weber), Auseri (Ausserer), Paccheri (Bacher), Sturmwolt (Sturmwald) ecc.

Escursioni

Iginio Pecoraro, il marito di Maria, è un appassionato escursionista e propone il seguente itinerario:

Il "Sentiero della Pace", un percorso segnalato lungo le vecchie postazioni militari, attraversa tutto il Trentino passando anche per La Ruscoletta. Sembra dunque logico seguirlo almeno per un tratto.
Se dall'albergo si punta a nord, in una mezz'ora si raggiungono le grotte e le strutture fortificate in località Stolle del Salubio.

Se invece ci si dirige a sud, si incontra la cappella di S. Gaetano. Abbandonato il tracciato laddove inizia a perdere quota, ci si tiene sulla via ampia e pianeggiante che aggira il monte e attraverso il bosco giunge alle case di Porchera. Da qui si riprende a salire costeggiando il torrente fino alla Forcella Lavoschio (1750 m, punto di massima elevazione) e quindi alla malga abbandonata di Lavoschio. Discesa alla Ruscoletta lungo una strada forestale che passa per Vinante. Tempo di percorrenza 3-4 ore, dislivello 400 m.

Albergo Ristorante
La Ruscoletta
Musiera Sotto 3
38050 Telve
Tel. 0461 766474

60 all'interno; 12 ai due tavoli sulla piccola terrazza antistante alla casa.

Aperto tutto l'anno.
Giorno di riposo lunedì.

65 AGRITUR PRÀ DEI PEZI

Ai piedi dei dirupi rocciosi del Monte Ortigara, a sud-est di Borgo Valsugana, sorge il Prà dei Pezi, una costruzione nuova con ampia terrazza-giardino e un'altrettanto spaziosa sala da pranzo. L'enorme cucina basterebbe a nutrire un reggimento. La strada di accesso termina presso l'agritur e così i bambini possono giocare indisturbati all'aperto.

Mangiare | Bere

Piatti semplici ma curati. La pasta è fatta in casa. Vanno per la maggiore il pasticcio con crespelle al radicchio, il risotto alle finferle (gallinacci), il coniglio e il pollo in agrodolce con polenta della Valsugana. Si raccomanda anche la grigliata con carne *salada*, *lucanica*, pollo e braciola; per finire in dolcezza ci sono la torta di mele con amaretti, lo strudel e il "dolce della casa". Nella carta dei vini prevalgono le etichette trentine.

Come arrivare

Sulla statale della Valsugana, tra Villa Agnedo e Ospedaletto, bivio per Oltrebrenta: seguire le indicazioni passando accanto all'area pic-nic, 1,5 km dalla statale.

Attrattive e curiosità

- Contraddistinto dal poderoso mastio a pianta rettangolare, Castel Ivano incombe dall'alto di uno sperone roccioso. Il maniero posto a guardia della Bassa Valsugana, documentato già nel XII secolo, fu ampliato dai conti di Tirolo nella prima metà del Trecento. Il suo aspetto attuale si deve ai conti di Wolkenstein-Trostburg. Oggi è di proprietà della Provincia Autonoma di Trento che, dopo averlo ristrutturato, vi organizza eventi culturali. Informazioni: tel. 0461 593322
- Il mulino Spagolla, a Borgo Valsugana, ospita un'interessantissima mostra permanente sulla Prima guerra mondiale, con innumerevoli oggetti recuperati lungo il fronte che correva nelle vicinanze: uniformi, elmetti, strani strumenti ottici, i primi telefoni da campo, distintivi, figure a grandezza naturale ecc. Informazioni: tel. 0461 754052, www.mostradiborgo.it

Escursioni

- Lungo la riva del Brenta si dipana un gradevole percorso pedonale e ciclabile. In prossimità dell'agritur si trova un'area per il picnic attrezzata con tavoli e panche, grill e fontana.
- Alle spalle dell'agritur si elevano aspre e frastagliate rocce dolomitiche apparentemente inaccessibili. Un itinerario, ancorché impegnativo, raggiunge tuttavia il rilievo più alto della catena, il Monte Ortigara (2106 m): su strada forestale attraverso la Val Coalba fino a ca. 1000 m di quota, quindi sul sentiero 206, poi 804, che porta alla vetta, il Cippo Italiano. Ascensione 4-5 ore, dislivello 1700 m.

Agritur Prà dei Pezi
Amerigo Sandri e
Ivana Tomaselli
Via Mesole 15 / Oltrebrenta
38050 Villa Agnedo
Tel. 0461 770013 oppure
348 2100243

50 all'interno;
altri 20 in giardino.

Solo su prenotazione.

66 RIFUGIO MONTE LEFRE

Alle spalle di Villa Agnedo, nel tratto orientale della Valsugana, il Monte Lefre si innalza repentinamente dal fondovalle per oltre 1000 m; il suo versante posteriore digrada invece dolcemente fino alla conca del Tesino. In posizione invidiabile poco sotto la vetta, a 1282 m di altitudine, sorge il Rifugio Monte Lefre. La strada termina presso la casa, dinanzi alla quale si aprono prati verdeggianti dove i bambini possono dare sfogo alle loro energie e gli adulti oziare al sole. La vicina sommità montuosa offre una vista amplissima sulla sottostante Valsugana. Non sorprende che i soldati austriaci vi abbiano collocato una delle loro postazioni durante la Prima guerra mondiale.

Mangiare | Bere

I coniugi Fabbro servono solo piatti semplici, sostanziosi e genuini. Tagliatelle con ragù di lepre, polenta e funghi, grigliate, formaggio fritto su fuoco di legna e, per finire, strudel di mele. Il menu comprende anche il baccalà, in omaggio al Veneto ormai prossimo. Per digerire c'è l'amaro del Rifugio Monte Lefre, preparato secondo una speciale ricetta della casa.

Pernottamento

21 posti letto in semplici camere, alcune con bagno al piano.

Come arrivare

A 5 km dalla strada statale; diramazione da Pradellano, tra Pieve Tesino e Bieno.

Attrattive e curiosità

- A 500 m dal rifugio si trovano alcuni fortini della Prima guerra mondiale parzialmente restaurati. Nella parlata locale, le trincee e le caverne dotate di feritoie sono dette *stoll* (dal tedesco *Stollen*, galleria).
- Chi attraversa la Valsugana sulla superstrada, non immagina neanche lontanamente cosa si celi dietro le aspre pareti rocciose che la delimitano: una suggestiva cornice di alpeggi e montagne abbraccia prati e colline dal profilo armonioso. Entrando a Pieve Tesino o a Castello Tesino, i due centri maggiori della zona, si scoprono vicoli pittoreschi, chiese e case antiche. Di qui passava in età romana la Via Claudia Augusta, di cui si conservano ancora alcuni tratti. Un ponte di pietra di epoca romana è visibile nei pressi della stazione di servizio di Castello Tesino.

Escursioni

- Un sentiero panoramico (n. 330) parte dal Rifugio Monte Lefre e con pendenza moderata risale la cresta fino alla Malga Valle (1343 m). Lungo il percorso attraverso incantevoli prati fioriti, giustamente segnalato come "Sentiero dei Fiori", si riconoscono peonie, raponzoli, gigli rossi, asfodeli e altri. Andata e ritorno circa 1 ora.
- Il Rifugio Monte Lefre è raggiungibile a piedi dal fondovalle partendo dal lago di Pradellan, presso Pieve Tesino: il sentiero 330 si inerpica fino alla Malga Valle. Da qui si prosegue lungo il "Sentiero dei Fiori" sopra descritto. Ascensione 2 ore, dislivello 500 m.

Rifugio Monte Lefre
Fam. Fabbro
Pradellano
38059 Ivano Fracena
Tel. 0461 752400

60 distribuiti in due sale da pranzo, una con focolare aperto; 70 all'esterno, con panche e tavoli rustici.

Da inizio giugno a settembre aperto tutti i giorni; nei mesi di aprile, maggio, ottobre, novembre e dicembre aperto solo nei fine settimana.

67 RISTORANTE PIZZERIA AL CACCIATORE

Il lembo sud-orientale del Trentino confina con la provincia di Belluno. Nei pressi di Castello Tesino si apre l'altopiano di Celado, una distesa di pascoli dal profilo ondulato. Il Ristorante Pizzeria Al Cacciatore e il campeggio Alice (1225 m) sorgono proprio sul margine di questo pianoro offrendo una vista libera da impedimenti di sorta.

Mangiare | Bere

Quando non è intento a costruire o a ristrutturare, l'instancabile Tonino Marighetto si mette ai fornelli e prepara gustosi piatti tipici che attirano estimatori fin dal Veneto. Eccellenti il pasticcio, il risotto ai funghi o alle quaglie, le crespelle alla ricotta e spinaci. Regina tra i secondi è la selvaggina, cosa peraltro intuibile già dal nome del ristorante. D'estate il menu si arricchisce di piatti con i finferli (gallinacci) raccolti nei boschi circostanti. In tavola arriva anche il "musetto" condito con olio, aceto e cipolla. Come dolce si segnala lo strudel; a seguire il digestivo della casa, l'Amaro del Cacciatore. Il piano seminterrato, aperto verso la terrazza, ospita la pizzeria, popolare ritrovo degli abitanti del luogo.

Pernottamento

8 semplici camere per complessivi 16 posti letto. Campeggio Alice: 60 piazzole.

Come arrivare

La spettacolare strada di accesso (10 km da Grigno in Valsugana), un tortuoso tracciato aperto nella roccia dai soldati italiani, è stata ampliata in anni recenti. 7 km da Castello Tesino.

Attrattive e curiosità

- Nelle vicinanze del locale, già in territorio bellunese, sorge Forte Leone. La massiccia costruzione della Prima guerra mondiale, che mostra tutti i segni dell'inesorabile azione disgregatrice del tempo, non è visitabile.
- D'estate le numerose malghe nei pressi del Passo del Brocon producono e vendono direttamente ottimi formaggi.

Escursioni a piedi e in bicicletta

- Una serie di itinerari ciclabili segnalati corrono su strade secondarie per niente trafficate, con buon fondo asfaltato o di ghiaina. I dislivelli sono contenuti, i panorami meravigliosi. La nostra proposta: dal Ristorante Larici (1166 m) presso Celado fino al Passo della Baia. Qui si svolta a sinistra e, aggirato il Monte Picosta fino al suo versante settentrionale, ci si addentra nel bosco puntando verso Castello Tesino. Da qui si rientra a Celado lungo la strada principale in leggera salita. Lunghezza 14 km, dislivello 450 m. Ulteriori informazioni sugli itinerari della zona: tel. 0461 593322

Ristorante Bar Pizzeria
Al Cacciatore
Celado 52
38053 Castello Tesino
Tel. 0461 594681

200 posti distribuiti in varie sale e nella pizzeria al piano seminterrato; 30 sulla terrazza.

Aperto tutto l'anno. In bassa stagione chiuso il mercoledì.

68 AGRITUR SCALZERHOF

La Valle del Fèrsina o Valle dei Mòcheni, con imbocco a Pergine, si estende verso nord fino ai rilievi del Lagorai. Nel tratto finale, sul soleggiato versante di sinistra, sorgono diversi paesi in cui si parla ancora un antico idioma tedesco. Uno degli ultimi masi di questa sponda è lo Scalzerhof, abbarbicato su un ripido declivio a 1540 m di altitudine, in posizione dominante sulla valle. Da qualche tempo vi è stato aperto un agritur. Andrea Petri Anderle lavora come autista durante la settimana e nei weekend si occupa dei numerosi avventori insieme alla moglie Rita e alla madre Rina. Ad aiutarli c'è anche il giovane figlio Stefano. I tre parlano tra di loro nell'antico dialetto tedesco che ha reso famosa la Valle del Fèrsina ("Bersntol" in mòcheno).

Mangiare | Bere

Specialità della casa sono le antiche ricette tradizionali come il *cuccalar*, una focaccia sottile preparata con latticello e servita tiepida. Il piatto freddo comprende speck, formaggi assortiti, piccoli e saporitissimi salamini, verdure sott'olio o sott'aceto. I *Kropfn* sono ravioli ripieni di formaggio e verdure conditi con burro fuso di produzione propria e formaggio grattugiato. Naturalmente ci sono anche piatti più "ordinari" come il *Gulasch* con polenta o i canederli di speck. I dolci – rotoli e strudel – sono sublimi.

Pernottamento

5 camere per complessivi 7 posti letto; due miniappartamenti.

Come arrivare

2 km da Palù/Palae.

Attrattive e curiosità

- La lingua e la cultura locali sono l'impronta inconfondibile di questa valle colonizzata nel tardo Medioevo da famiglie di origine tedesca. Vari elementi contraddistinguono le comunità locali, tra cui la tipologia insediativa. Sul versante destro si trovano i nuclei accentrati di origine italiana, su quello sinistro gli insediamenti a masi sparsi degli abitanti tedescofoni. Per saperne di più sulla lingua, sulla vita e sulle tradizioni della vallata si può contattare l'Istituto culturale Bersntol-Luserna con sede a Palù del Fèrsina/Palae en Bersntol, tel. 0461 550073, www.kib.it.
- L'alta Valle del Fèrsina fu oggetto nei secoli passati di un'intensa attività mineraria. Per farsi un'idea del duro lavoro dei *canopi* (minatori) si può visitare un'antica galleria restaurata, la "Grua von Hardömbl", raggiungibile dallo Scalzerhof in mezz'ora di cammino su largo sentiero. Sempre nelle vicinanze si trovano altri due monumenti della civiltà rurale: il singolare mulino ad acqua con meccanismo a tre ruote presso Oachleit e il Filzerhof, un maso plurisecolare interamente restaurato. Visite guidate su prenotazione: tel. 0461 550073

Escursioni

- Il "Giro dei Baiti – Oman de Hötn" è un itinerario circolare tra prati, campi e boschi che passa anche dallo Scalzerhof. Tempo di percorrenza 3-4 ore, dislivello 260 m.
- Il "Giro delle Creste", impegnativo ma oltremodo appagante sotto l'aspetto panoramico, richiede un'intera giornata. Partendo sempre dallo Scalzerhof o dal vicino parcheggio, il sentiero 343 conduce in 1,5 ore al Rifugio Sette Selle (2014 m). Proseguendo lungo la cresta senza particolari difficoltà, a parte alcuni tratti un po' esposti, raggiunge l'incrocio con il sentiero 325 che torna al punto di partenza passando dal lago di Erdemolo (2005 m). Tempo di percorrenza 5-6 ore, dislivello 800 m.

Agritur Scalzerhof
Fam. Battisti e Petri Anderle
Frotten 108
38050 Palù del Fèrsina/Palae en Bersntol
Tel. 0461 550074 oppure 338 9591987
E-mail: scalzerhof@virgilio.it
www.agriturscalzerhof.it

20 all'interno; altri 20 sul prato antistante alla casa, attrezzato con semplici tavoli e panche.

Aperto tutto l'anno nei fine settimana; cucina calda dalle ore 14 alle 23.

VAL DI FIEMME, VAL DI FASSA E PRIMIERO

Chi conosce questa zona sa della secolare rivalità tra la valle ladina di Fassa e i "fiemmazzi" o di quel mondo a sé che è il Primiero. C'è però una cosa che accomuna tutte queste realtà: lo straordinario paesaggio montuoso. Le guglie di chiaro calcare delle Dolomiti, elemento pregnante di tale scenario, sono un'immagine chiave anche per il turismo, il motore dell'economia locale. Partendo dai rilievi dolomitici, la Val di Fassa digrada verso ovest innestandosi a Moena nella Val di Fiemme. Sul fondovalle si raccolgono paesi come Predazzo; un po' più in alto, in posizione soleggiata ormai prossima ai confini con il tratto altoatesino della Valle dell'Adige, appare Cavalese, capoluogo della Val di Fiemme. Il solco vallivo fin qui ampio si

Passo di San Pellegrino

restringe nei pressi di Molina dove ha inizio la Val di Cembra.
A sud la valle è delimitata dai profili acuminati della catena porfirica di Lagorai, un paesaggio di fiaba che si conserva ancora intatto. Superando il Passo Rolle si raggiunge il Primiero, sul versante meridionale delle Pale di San Martino, che guarda ormai verso il Veneto con le città di Feltre e Belluno. San Martino di Castrozza costituisce un popolare centro per gli sport invernali.
La Valle del Vanoi, con Canal San Bovo, è tra i territori più isolati e più autentici del Trentino. Per secoli accessibile solo attraverso i valichi di Rolle e del Brocon, oggi si raggiunge comodamente grazie a una galleria. Scenari intatti, costellati di graziosi paesi, alpeggi e piccoli laghi alpini, danno un'impronta caratteristica alla zona, una perla ancora ignota ai più.

69 AGRITUR MALGA SALANZADA

La Malga Salanzada occupa una china assolata presso Masi di Cavalese. Benché solo pochi chilometri la separino dalla strada della Val di Fiemme e da Cavalese, è un angolo appartato e tranquillo che fa sentire distanti dal solito trambusto quotidiano.

Mangiare | Bere

La giovialità e la corpulenza di Renata Chelodi sono una promessa che trova presto conferma nella sua cucina. Sul tavolo arrivano piatti di pasta fatta in casa come le pappardelle oppure gnocchi ai funghi; la polenta è servita con formaggio fuso o alla griglia. Da segnalare anche il piatto di affettati e formaggi. I crauti sono fermentati negli appositi fusti di legno; anche la carne è del proprio allevamento. *Strauben* e torta *sbrisolona* (pasta frolla con amaretti e ricotta) nonché un'accurata selezione di vini trentini completano l'offerta.

Come arrivare

Diramazione da Masi di Cavalese (3 km).

Attrattive e curiosità

- Sul poggio davanti alla chiesa di Cavalese, all'ombra di tigli pluricentenari, si notano due panche semicircolari di pietra disposte intorno a un tavolo rotondo, anch'esso di pietra. È il *banc de la reson*, il luogo in cui si radunava il *comun general*, l'antico consiglio dei valligiani che vivevano tra Moena e Trodena. Intorno a questo tavolo si legiferava ogni anno, il 15 di agosto, sulle questioni importanti per la comunità.
- A Molina di Fiemme, sulla strada della Val di Cembra, sorge la casa di Giovanni Battista Daprà detto Tisti. Il bravo pittore ha immortalato sulla parete di casa una curiosa galleria di celebrità: papi, santi, ma anche dittatori come Stalin, Mussolini e Hitler. Uno dei dipinti ricorda il 4 maggio 1945, quando le truppe delle SS in ritirata si scontrarono in questo luogo con i partigiani italiani e in un'ultima disperata azione diedero alle fiamme 19 case (compresa quella di Daprà) fra Stramentizzo e Molina e lasciarono sul campo 31 vittime.

Escursioni

- In cabinovia dalla valle alla stazione intermedia del Dos dei Laresi, quindi per strada forestale fino ai prati di Salanzada e successiva svolta a destra; nel punto in cui la cabinovia passa sopra la strada, si piega a sinistra imboccando un sentiero segnalato che riporta alla stazione di valle dell'impianto. Tempo di percorrenza 1 ora, dislivello 500 m in discesa.

Agritur Malga Salanzada
Salanzada 1
38033 Cavalese
Tel. 0462 235480 oppure 333 3937327

50 nella *Stube* rustica; 30 all'aperto sotto una tettoia.

Aperto da metà giugno a metà settembre. Martedì giorno di riposo. Aperto dal 15 dicembre al 10 gennaio e ca. 10 giorni per Pasqua; venerdì, sabato e domenica aperto tutto l'anno a pranzo e a cena.

70 BAITA MONTE CAURIOL

A sud della Val di Fiemme la catena del Lagorai protende le sue vette acuminate verso il cielo. Una valle si addentra da Ziano di Fiemme in questo mondo selvaggio e solitario. Davanti ai prati appena fuori dal bosco si trova un parcheggio e, poco distante, la Malga Cauriol (1600 m).

Mangiare | Bere

La cucina semplice e sostanziosa obbedisce alla tradizione trentina e alle esigenze degli escursionisti. Polenta, *Gulasch*, formaggio fuso e, come dolce, strudel di mele, panna cotta o yogurt con frutti di bosco. Il menu comprende anche le *ambleta*, omologhe trentine delle *omelette* di tradizione austriaca.

Pernottamento

Bivacco con 10 letti.

Come arrivare

Accesso alla Val Sadole da Ziano di Fiemme su strada dapprima asfaltata (2 km) e poi sterrata (4 km).

Attrattive e curiosità

Nel corso delle sue esplorazioni nei dintorni, l'ex proprietario della malga ha pazientemente raccolto oggetti e reperti della Prima guerra mondiale ora esposti in una parte della *Stube*. Sono munizioni, armi, tra cui una strana bomba rotonda, stoviglie e posate da campo, ramponi, lampade e piccozze. Nessuno sa invece dire da dove arrivino i periscopi... Una bacheca custodisce onorificenze e medaglie. A rievocare il periodo bellico sono anche ritagli di giornale e vecchi manoscritti, cartoline e foto storiche.

Escursioni

Un ampio sentiero (320) parte dal parcheggio vicino alla Baita Cauriol (indicata ancora da quasi tutte le cartine topografiche come Rifugio Cauriol) e risale la Val Sadole fino al Passo Sadole (2066 m, pendenza moderata). Aggirato il Cauriol Piccolo da sud, il percorso segue la "Via Italiana" fino a una forcella e alla sommità panoramica del Cauriol (2494 m). Sulla vetta correva il fronte nella Prima guerra mondiale e ancora oggi è possibile imbattersi in oggetti e reperti militari. Discesa lungo la "Via Austriaca". Tempo di percorrenza ca. 5 ore, dislivello 1000 m.

Baita Monte Cauriol
Fam. Zorzi
Sadole
Tel. 337 230202 oppure 348 5161123

45 all'interno; 60 sulla terrazza riparati da ombrelloni e da un paravento.

Da inizio maggio a fine settembre aperto venerdì, sabato e domenica, da metà giugno a metà settembre tutti i giorni.

71 RISTORANTE MIOLA

Il Ristorante Miola, all'imbocco della Val Maggiore, è abbarbicato su un prato scosceso che guarda Predazzo dall'alto. L'arzillo e affabile titolare, Piergiorgio Dellantonio, è chiamato "Galina" dalla gente del luogo che, di conseguenza, non dice "andiamo al Miola" ma "dal Galina". L'attempato signore, ex camionista, ha viaggiato molto e perciò ha tanto da raccontare. Lo scettro della cucina lo ha ceduto nel frattempo alla figlia Elisabetta.

Mangiare | Bere

I piatti forti sono le pastasciutte e gli antipasti come i crostini con *mousse* di filetto di trota affumicato e mascarpone; l'offerta gastronomica comprende stinco di maiale, croccante e cotto al punto giusto, o selvaggina con polenta. Speciali i dolci, con un riconoscimento particolare alla torta di mele.

Come arrivare

Accesso segnalato a sud di Predazzo in direzione Val Maggiore (1 km).

Attrattive e curiosità

- Dal ristorante parte un sentierino che in dieci minuti porta a una cascata (altezza 25 m).
- Il Museo Civico di Geologia ed Etnografia di Predazzo, una sezione staccata del Museo Tridentino di Scienze Naturali, documenta le eruzioni di un vulcano verificatesi 230 milioni di anni fa. Sul Monte Mulaz si possono osservare le inclusioni di lava scura che risaltano nella chiara roccia calcarea. Per informazioni sugli itinerari geologici: tel. 0462 502392
- Tra Moena e Predazzo si produce da generazioni il Puzzone, un formaggio dalla crosta rosso mattone caratterizzato da un aroma penetrante. Prenotando è possibile visitare il caseificio, cui è annesso un punto vendita con ampio assortimento di prodotti locali. Caseificio Sociale Predazzo e Moena, via Fiamme Gialle 34, Predazzo, tel. 0462 501287

Piergiorgio Dellantonio, detto "Galina"

Escursioni

- Una breve passeggiata conduce dal Ristorante Miola al punto panoramico delle Coronelle (20 minuti).
- Intorno al Dos Caligher si sviluppa un itinerario impegnativo ma appagante: partenza dalla Malga di Valmaggiore, a pochi minuti di automobile dal Ristorante Miola. Dapprima su vecchia strada militare e poi sul sentiero 335 si raggiunge la Forcella di Valmaggiore, con una baracca quadrata per il bivacco. Seguendo i sentieri 349, 349bis e 339, un po' tagliando la costa montuosa e un po' lungo la cresta, si rientra alla Malga di Valmaggiore. Tempo di percorrenza 5-6 ore, dislivello 700 m.

Ristorante Miola
Miola 1
38037 Predazzo
Tel. 0462 501924

60 all'interno, 30 su un'ampia terrazza con vista sulla valle.

In luglio e agosto, a Pasqua e a Natale aperto tutti i giorni, altrimenti solo nei fine settimana. In bassa stagione chiuso il martedì.

72 MALGA PENIOLA

Il minuscolo abitato di Penia occupa un terrazzo prativo a 1474 m di altitudine, proprio là dove i fianchi rocciosi del Latemar cedono il posto a prati e boschi che digradano verso Moena. Ne fanno parte una chiesetta, alcuni fienili, i più vecchi costruiti con tronchi di legno a incastro, e un pugno di case tra cui la Malga Peniola, popolare meta di gitanti. L'azienda assorbe tutta la famiglia. Maurizio è addetto ai lavori agricoli, sua moglie Michela dirige le operazioni in cucina.

Mangiare | Bere

In tavola arrivano piatti della cucina rustica tradizionale: polenta o canederli con selvaggina, stinco di maiale al forno, formaggio fuso, crauti. È possibile gustare anche la carne cotta sulla griglia all'aperto. Specialità della casa è il "piatto Peniola", una ricca combinazione di polenta, salsiccia, funghi, *Gulasch* di capriolo e formaggio fuso. Per finire si può scegliere tra varie torte, panna cotta o frutti di bosco con la panna.

Come arrivare

A 3,5 km da Moena. Strada asfaltata fino alla Malga Panna, poi stradina sterrata.

Attrattive e curiosità

- La chiesetta di Penia, edificata nel XVII secolo e consacrata a Giovanni Nepomuceno, patrono dell'acqua, è una popolare meta di pellegrinaggio per la popolazione locale. All'interno conserva un altare barocco e pregevoli dipinti che non ci si aspetterebbe di trovare in una chiesa contadina.
- Prima dell'avvento della plastica erano i bottai a fabbricare quasi tutti i recipienti: tinozze, vasche, fusti per i crauti, secchi, ma anche attingitoi, mestoli per i cereali ecc. A Moena si può visitare una vecchia *bottega del pinter*. Informazioni: Matilde Zanoner Sommavilla, tel. 0462 573574

Escursioni

- I dintorni di Predazzo rivestono grande interesse geologico. Dopo la visita al Museo Geologico del paese (piazza SS. Filippo e Giacomo) si può approfondire la materia percorrendo il sentiero tra le cime calcaree del Latemar (segnalato dalla sigla SG, "sentiero geologico") con le formazioni rocciose e i fenomeni più rilevanti contrassegnati in giallo. Due impianti di risalita portano al Rifugio Gardonè (1650 m) e al Passo Feudo (2121 m); il sentiero geologico si dirige a sud fino al Doss Capel e quindi ritorna al Rifugio Gardonè. Tempo di percorrenza ca. 3 ore.
- Da Moena parte un breve itinerario circolare con begli scorci panoramici sulla valle: sentiero 521 fino a Penia passando per il borgo di Sorte, quindi sentiero 521bis attraverso i prati di Pra Compert fino al delizioso e antico villaggio di Medil, da dove si rientra a Moena lungo una comoda stradina bianca. Tempo di percorrenza 2,5 ore, dislivello 300 m.

Malga Peniola
Fam. Dantone
Penia
38035 Moena
Tel. 0462 573501 oppure 335 6159738

30, distribuiti in varie salette rifinite in legno; altri 50 ai rustici tavoli sul prato antistante alla casa.

Aperto tutto l'anno; fuori stagione si consiglia di annunciarsi con una telefonata. Non ha giorno di riposo.

73 RISTORANTE LA REGOLINA

La Valle del Vajolet, con imbocco a Pera di Fassa, punta a ovest verso il Catinaccio. La strada che la percorre fino ai rifugi e alle malghe della Gardeccia è chiusa al traffico privato e vi circolano solo dei bus navetta. Lungo il suo percorso si trova il Ristorante La Regolina, adagiato tra i pascoli verdeggianti. Il nome deriva dall'antico statuto che un tempo regolava i diritti di pascolo nella zona. Qui sorgeva un tempo il piccolo insediamento di Soial che fu interamente cancellato da una frana nel 1882.

Mangiare | Bere

Alex Giacomelli e famiglia vivono e lavorano alla Regolina, ristorante molto apprezzato da escursionisti e gitanti. In cucina, insieme a mamma Luciana (Annetta per gli amici), è impegnato anche il fratello Roberto. Il menu comprende non solo piatti tipici trentini ma anche specialità ladine o comunque tratte da vecchi quaderni di ricette. Accanto alla selvaggina e allo stinco di maiale al forno arrivano in tavola anche le *ciaroncie da fighi*, specie di ravioli con ripieno di fichi conditi con burro fuso e semi di papavero, oppure la *zapolà da pomes*, una frittata dolce frammista a pezzetti di mela e cosparsa di zucchero grezzo. Lo *Strauben* è servito con uno sboffo di marmellata di mirtilli rossi. Interessante l'assortimento dei vini, con varie rarità enologiche del Trentino.

Come arrivare

In automobile fino a Muncion, parcheggio a bordo strada, quindi a piedi per 1 km su stradina asfaltata oppure con pulmino gratuito del ristorante.

Attrattive e curiosità

- Il Museo Ladino a Vigo di Fassa documenta la vita e il lavoro di quella comunità con un allestimento coinvolgente anche per i più piccini: tra gli oggetti esposti figurano mobili intagliati e dipinti, maschere di Carnevale e costumi popolari. Le guide del Museo sono molto preparate. Informazioni: tel. 0462 760182

Escursioni

- Siamo nel cuore del gruppo del Catinaccio, con vasta possibilità di escursioni per tutti i gusti e conseguente afflusso di turisti. Se volete evitare i circuiti più battuti, vi suggeriamo un interessante itinerario privo di passaggi difficili o esposti, ma che richiede una buona condizione fisica. Da Muncion-Monzoni sul sentiero 579 lungo la Val de Udai fino al Rifugio e al lago di Antermoia; quindi fino al Passo di Antermoia e ai rifugi Vajolet e Gardeccia da dove si può abbreviare il rientro sfruttando il servizio taxi fino al Ristorante La Regolina e a Muncion. Tempo di percorrenza 5-6 ore, dislivello 1200 m.
- Al Ristorante La Regolina si arriva anche a piedi da Pera lungo la vecchia carrareccia trasformata in passeggiata (ca. 45 minuti). Il tracciato segue il corso del torrente attraverso boschi e prati. Dislivello 240 m.

Ristorante La Regolina
Fam. Giacomelli
Soial 6
38036 Pera di Fassa
Tel. 0462 766996 oppure
347 4827121

60 distribuiti su due piani; altri 30 in giardino sotto le tende da sole.

Aperto tutto l'anno, escluso il mese di giugno. D'inverno aperto solo la sera, nei weekend e festivi anche a mezzogiorno. Non ha giorno di riposo.

74 RIFUGIO CIMA UNDICI

Vicini come sono alle vette dolomitiche incappucciate dalle nevi perenni, con la massima elevazione che tocca i 3343 m, il Passo Fedaia e l'omonimo bacino artificiale ai piedi della Marmolada rappresentano una popolarissima meta per gli appassionati di escursioni montane. Ben sette sono i rifugi, a poca distanza l'uno dall'altro, che tentano di tenere testa alle folle di turisti sempre presenti in questa zona. Nonostante tutto, il Rifugio Cima Undici sembra conservare un che dell'atmosfera dei primordi dell'alpinismo, quando per sciare sulla Marmolada si saliva fin quassù a piedi da Pian Trevisan.

Mangiare | Bere

Ermanno e Anna gestiscono il rifugio con l'aiuto dei figli. La cucina è prevalentemente quella tipica rurale a base di zuppe, polenta con capriolo e funghi oppure stinco al forno e crauti. Le proposte del giorno comprendono il piatto trentino (canederli, *Gulasch* e salsiccia) o il piatto alpino con polenta e carne. Ampia scelta di torte e dolci fatti in casa come la bavarese ai lamponi, la Sacher al cioccolato, lo strudel con salsa alla vaniglia e il tiramisù. I vini provengono quasi tutti dalle cantine del Trentino.

Pernottamento

3 grandi camere per complessivi 12 posti letto.

Come arrivare

Comoda strada asfaltata da Alba di Canazei in Val di Fassa (10 km).

Attrattive e curiosità

- Nei pressi della Malga Cima Undici si trova la stazione di partenza della bidonvia per il Rifugio Pian dei Fiacconi, ai piedi della Marmolada. L'impianto non è certo dei più moderni, ma una volta saliti a bordo riserva un gradevole viaggio verso le alte quote con vista sui massicci circostanti e sul ghiacciaio che si avvicina progressivamente. All'arrivo si incontrano subito due rifugi alpini, aperti da metà giugno a fine settembre per gli escursionisti e da fine febbraio a metà aprile per gli sciatori. Informazioni: tel. 0462 602535
- A Penia sorge l'ultima segheria veneziana ancora funzionante della Val di Fassa: il tronco viene adagiato su un carrello mobile che avanza verso la lama fissata su un telaio verticale che si muove dall'alto al basso e viceversa; il tutto è azionato da un meccanismo a energia idraulica. Visitabile nei mesi estivi. Informazioni: tel. 0462 764267

Escursioni

- Dopo l'ampliamento della carreggiata sulla sponda nord del lago di Fedaia, la variante lungo la sponda sud è stata chiusa al traffico e costituisce oggi un tracciato percorribile sia a piedi – anche con carrozzine – sia in bicicletta. A proposito di due ruote: l'altitudine di questo tracciato (2056 m) lo rende adatto anche per l'allenamento dei ciclisti professionisti. L'aria rarefatta favorisce la formazione di globuli rossi e di conseguenza un maggiore apporto di ossigeno durante le *performance* di alto livello. Tempo di percorrenza di una sponda ca. 30 minuti.
- Il vecchio "Sentiero della Guerra", da Pian Trevisan alla Marmolada lungo la riva sinistra dell'Avisio, è stato ripristinato di recente. Da non confondere con il sentiero 605 che costeggia invece la riva destra del torrente. Tempo di percorrenza 1 ora, dislivello 250 m.

Rifugio Cima Undici
Fam. Lorenz
Passo Fedaia
38032 Penia
Tel. 0462 602290

65 all'interno,
70 sulla terrazza.

Da metà giugno a ottobre e da metà febbraio ai primi di maggio. Non ha giorno di riposo.

75 RIFUGIO FUCIADE

Per raggiungere le distese prative del Passo di San Pellegrino, la strada attraversa una valle angusta con partenza da Moena. Poco dopo il passo, sulle sponde del Lago Pozze sorge l'Hotel Miralago. Da qui inizia la passeggiata che, attraversando gli alpeggi disseminati di piccole baite, conduce a un bel prato rivolto a sud che ospita il Rifugio Fuciade (1982 m). La posizione non potrebbe essere migliore: protetta a nord dai tremila di Cima Uomo e dell'Ombretta, aperta a sud verso i pinnacoli non meno elevati delle Pale. In vent'anni di accurata gestione, Sergio Rossi e la moglie Emanuela hanno trasformato questa baita di poche pretese in un locale alquanto gradevole e rinomato.

Mangiare | Bere

In considerazione dei numerosi escursionisti che passano da queste parti, l'offerta a mezzogiorno è costituita da piatti semplici e tradizionali, nondimeno preparati con gran cura. La sera Sergio dà sfogo al suo talento culinario e seduce gli ospiti con ricette più raffinate. La pasta è fatta in casa; si raccomandano anche il guanciale di manzo con finferli (gallinacci) servito tiepido su letto di patate o il filetto di cervo con pinoli, miele e aceto balsamico, nonché i dolci come la torta di ricotta o quella di frutta. In tavola arrivano anche piatti della tradizione ladina come i *cajoncìe da migol vert* o *cajoncìe da clòzegn*, ravioli con spinaci selvatici o con una crema a base di pere secche. Notevole la carta dei vini (ben 300 etichette!) in massima parte del Trentino e dell'Alto Adige. Si consiglia di visitare personalmente la cantina, con apposito locale per la degustazione!

Pernottamento

7 camere confortevoli per complessivi 18 posti letto.

Come arrivare

Accesso pedonale dalla strada per il Passo di San Pellegrino (3,5 km), transito consentito solo agli ospiti dell'albergo. In inverno, servizio di trasporto gratuito con motoslitta o gatto delle nevi; la strada viene sgomberata dalla neve ed è perciò praticabile anche a piedi.

Attrattive e curiosità

- Al piano interrato del suo locale, Sergio Rossi ha ricostruito un'antica *Stube* originale tirolese, con tanto di stufa di maiolica dipinta che non sfigurerebbe affatto in un museo. Qui si può ammirare anche un'interessante collezione di vecchi attrezzi artigianali e utensili da cucina, cui si aggiungono diverse fisarmoniche e bandoneon.
- Come souvenir del rifugio si può acquistare il libro sulla cucina ladina di cui Sergio Rossi è coautore e farselo autografare direttamente dallo stesso.

Escursioni

- Il rifugio si trova lungo l'Alta Via delle Dolomiti n. 2, che punta a nord verso il Rifugio Contrin, nella valle omonima, passando per il Pas da le Cirèle. Tempo di percorrenza 3-4 ore, dislivello 700 m.

Rifugio Fuciade
Fam. Rossi
Loc. Fuciade Soraga II
38030 Soraga
Tel. 0462 574281

80 all'interno, 70 sulla terrazza panoramica.

Aperto dal secondo weekend di giugno fino a inizio ottobre e da inizio dicembre a Pasqua.

76 MALGA VENEGIOTA

La Val di Venegia, incantevole ambiente d'alta quota ammantato di boschi e prati, si estende verso i massicci dolomitici delle Pale di San Martino che superano anche i 3000 m di altezza. Immersa in questo paesaggio d'incomparabile bellezza sorge la Malga Venegiota (1824 m), raggiungibile con una breve passeggiata.

Mangiare | Bere

La proposta gastronomica è incentrata sulla cucina tipica locale, con molti prodotti fatti in casa (salsicce, ricotta affumicata, Tosella e assortimento di dolci). La polenta è cotta in un grande paiolo di rame su focolare aperto. Le grappe sono aromatizzate con erbe e radici (pare che quella di genziana sia un toccasana per chi ha difficoltà di digestione!).

Come arrivare

Dalla statale per il Passo Rolle, dopo il Centro visitatori del Parco Naturale di Paneveggio imboccare la diramazione per Passo Valles, quindi svoltare a destra e percorrere 1,2 km di sterrata fino al grande parcheggio che sorge dove iniziano i pascoli. Da qui 25 minuti di cammino su un largo sentiero semipianeggiante.

Attrattive e curiosità

- I dintorni della malga sono stati scelti nel 1998 come *location* per *Mirka*, un film con Gérard Depardieu la cui storia si svolge in Bosnia durante la disgregazione della Jugoslavia. Il Gruppo delle Pale, con le sue vette, i boschi e i prati costituisce lo sfondo naturale delle riprese esterne. In riva al torrente è stata costruita una baita di legno con il tetto di paglia, elemento del tutto estraneo allo stile architettonico locale. La baita sorge sulla strada di accesso, a poche centinaia di metri dalla Malga Venegiota.
- Un edificio sulla strada per Passo Rolle, poco distante dal Lago di Forte Busi, ospita il rinnovato Centro Visitatori del Parco di Paneveggio – Pale di San Martino dove sono documentati la flora e la fauna dell'area protetta. Si apprende così che la foresta di abete rosso nota come la "foresta dei Violini" deve il suo nome al fatto che i liutai di un tempo utilizzavano questo legno di grande risonanza. I bambini saranno attratti dai cervi e dai caprioli ospitati in un'ampia recinzione. Dal Centro visitatori parte un percorso naturalistico.

Escursioni

- La Malga Venegiota è il punto di partenza per la popolare escursione alla Baita Segantini (2174 m). Tempo di percorrenza 1,5 ore, ampio sentiero, dislivello 400 m.
- Monte Mulaz nel Gruppo delle Pale (itinerario circolare molto appagante ma impegnativo): dalla Malga Venegiota si sale alla Forcella Venegia passando per gli incantevoli prati di Busa dei Laiti (2034 m). Dalla forcella al Rifugio G. Volpi al Mulaz seguendo il sentiero 751 (indispensabile un passo sicuro; eventuale prosecuzione fino alla sommità del Mulaz, 1 ora); ritorno alla Malga Venegiota lungo i sentieri 710 e 721. Tempo di percorrenza 5-6 ore, dislivello 1100 m. Da evitare la domenica e nei festivi in alta stagione, quando i sentieri più agevoli brulicano di gitanti.

Malga Venegiota
(Giancarlo Depaoli)
Val Venegia
38054 Tonadico
Tel. 0462 576044

35 all'interno; notevole numero di posti sull'ampia terrazza antistante alla casa.

Da metà giugno a settembre aperto tutti i giorni; nelle prime settimane di giugno e di ottobre aperto solo nei weekend; grandi gruppi (preferibilmente su prenotazione) anche nei giorni feriali. Non ha giorno di riposo.

77 RISTORANTE MALGA CES

A nord-ovest di San Martino di Castrozza, nota località turistica ai piedi del frastagliato paesaggio delle Pale di San Martino, inizia la valletta che accoglie la Malga Ces, posta in bella posizione panoramica. D'estate gli abitanti del paese si recano alla malga per crogiolarsi al sole in terrazza e farsi viziare dai titolari. Nelle vicinanze della casa si trova buona parte delle piste che d'inverno attraggono tanti appassionati dello sci. Il termine "malga" è forse improprio per questo locale, giacché la gestione ultrasessantennale della famiglia Scalet lo ha trasformato in un ristorante di rango per una clientela raffinata.

Mangiare | Bere

Il tocco di classe in aggiunta ai sapori tipici della cucina rurale è merito di mamma Antonietta. La pasta è fatta in casa; il piatto forte è la carne alla griglia. Il tris della malga, con funghi gallinacci, Tosella alla piastra, salsiccia fresca alla griglia e polenta, va per la maggiore. In cucina lavora anche una pasticciera che prepara dolci squisiti; ottime le cialde con crema di vaniglia e frutti di bosco. Buona selezione di vini e grappe del Trentino e dell'Alto Adige.

Pernottamento

8 camere confortevoli per un totale di 20 posti letto.

Come arrivare

Strada asfaltata da San Martino di Castrozza (2,5 km); ben segnalato.

Attrattive e curiosità

Il Parco Naturale Paneveggio – Pale di San Martino è un ampio territorio (oltre 190 km²) posto sotto tutela oltre 35 anni fa. Tra i vari Centri visitatori, quello di San Martino di Castrozza ha come tema la geologia delle montagne circostanti. Vi si racconta per esempio la genesi delle Dolomiti, originatesi milioni di anni or sono dai depositi corallini di un basso mare tropicale e da eruzioni vulcaniche le cui tracce sono a tutt'oggi visibili nel gruppo delle Pale. L'allestimento comprende un giardino di roccia con flora alpina e uno stagno con possibilità di osservazione del mondo subacqueo. Informazioni: tel. 0439 64854, www.parcopan.org

Escursioni

- Da San Martino di Castrozza alla Malga Ces lungo la bella passeggiata che corre parallela alla strada carrozzabile. Tempo di percorrenza 45 minuti, dislivello 200 m.
- Lago di Colbricon: andata sul sentiero 14, ritorno sul sentiero 348. Si raccomanda una sosta per rifocillarsi al Rifugio Colbricon, in riva al lago. Andata e ritorno 1,5-2 ore, dislivello 250 m.
- Colbricon (solo per escursionisti dal passo sicuro!): in seggiovia fino alla Punta Ces (2227 m), quindi a piedi fino alla Forcella di Ceremana (2428 m) e, lungo la cresta, fino alla sommità del Colbricon (2602 m). Scendendo per il sentiero 349 si giunge ai laghi di Colbricon e all'omonimo rifugio da dove il sentiero 14 ritorna alla Malga Ces e alla stazione di valle della seggiovia. Tempo di percorrenza 4-5 ore, dislivello 450 m.

Ristorante Malga Ces
Fam. Scalet
Ces
38058 S. Martino di Castrozza
Tel. 0439 68223
www.malgaces.it

150 distribuiti nelle sale in stile rustico-elegante; 60 sulla terrazza.

Aperto dal 20 giugno a settembre e dal 6 dicembre a Pasqua. Non ha giorno di riposo.

78 AGRITUR MALGA CANALI

Lo straordinario paesaggio della Val Canali s'insinua da sud tra le Pale di San Martino puntando al cuore del gruppo. Superata la ripida balza naturale alle spalle del paese di Tonadico, il solco si allarga in un'ampia conca con tappeti erbosi che sembrano curati da un giardiniere. Immersi nel verde appaiono un lago alpino e Villa Welsperg, ex residenza di caccia e di villeggiatura dei potenti conti di Welsperg, oggi sede del Parco Naturale di Paneveggio – Pale di San Martino e di un centro visitatori dedicato all'acqua. In cima alla valle, là dove la pendenza comincia ad aumentare e il paesaggio alpino prende il sopravvento, a 1307 m di altitudine appare la nostra meta, l'antica e pittoresca Malga Canali.

Mangiare | Bere

Menu totalmente all'insegna della cucina tipica tradizionale. La specialità della signora Gianna sono le zuppe: di funghi, di cipolle, d'orzo, di verza o di patate. Naturalmente non mancano gli antipasti e i canederli. Conigli e pollame sono allevati dagli stessi titolari della malga, la verdura è quella fresca dell'orto o acquistata dai contadini della zona. Anche il salame, una specie di soppressa, è di preparazione casereccia. Vini rigorosamente trentini.

Come arrivare

Da Tonadico al parcheggio in cima alla valle (7 km).

Escursioni

- Dal parcheggio presso la malga parte il sentiero 707 per il Rifugio Treviso (1631 m). Inizialmente ampio e di pendenza moderata, il tracciato si fa via via più stretto e ripido, ma rimane alla portata di tutti. Ascensione 1,5 ore, dislivello 330 m.
- Dal parcheggio presso la Malga Canali lungo il sentiero 711 fino al Passo de le Lede (2606 m); quindi fino ai piedi dei torrioni di Cima di Fradusta, che sfiora i 3000 m di altezza; passando dal piccolo ghiacciaio di Fradusta si procede fino al Lago Pradidali e all'omonimo rifugio (2278 m). Il sentiero 709 torna verso l'imbocco della valle, a 1400 m di quota ne incontra un secondo che piega a sinistra e rientra a Malga Canali. Tempo di percorrenza 7-8 ore, dislivello 1300 m. Solo per escursionisti in buona condizione fisica e con passo sicuro!

Attrattive e curiosità

Ogni giovedì si organizzano escursioni guidate nel Parco Naturale con dimostrazione di come si prepara il formaggio e successiva degustazione della *casada*, un piatto della cucina povera composto da polenta, formaggio fresco e un cucchiaio di panna. Informazioni: tel. 0439 64854, www.parcopan.org

Agritur Malga Canali
Fam. Tavernaro
Val Canali
38054 Tonadico
Tel. 0439 64491 oppure
368 7413582

25-30 all'interno.

Aperto da aprile a Ognissanti. In bassa stagione chiuso il lunedì.

79 RIFUGIO VEDERNA

Il Rifugio Vederna se ne sta tutto solo su un'altura a sud della conca di Fiera di Primiero. Se rifuggite dalla mondanità di San Martino di Castrozza e dai sentieri dolomitici traboccanti di escursionisti, qui troverete il luogo che fa per voi: vaste distese prative, una vista incantevole, tranquillità e sentieri poco frequentati. Unico neo, almeno per chi non intende rinunciare all'automobile, è la cattiva strada di accesso.

Mangiare | Bere

La signora Silvana prepara semplici piatti della cucina casalinga trentina come l'immancabile polenta con la selvaggina, il coniglio arrosto o la Tosella (formaggio fresco di Primiero). Come dessert ci sono strudel e panna cotta servita di solito con frutta sciroppata.

Pernottamento

8 camere con 17 posti letto.

Come arrivare

Pontét è una località a sud del bacino artificiale nell'angusta Valle Schener da cui parte una strada sterrata utilizzata nella Prima guerra mondiale come linea di rifornimento del fronte. Dopo 11 km di strette curve e controcurve, a tratti sull'orlo di vertiginosi precipizi privi di guardrail, si arriva al rifugio. Il viaggio è un'esperienza davvero forte, ma sconsigliata a chi non si sente sicuro al volante. Si può raggiungere il locale anche a piedi seguendo le indicazioni riportate di seguito.

Attrattive e curiosità

- A poca distanza dalla casa si trovano le cascate denominate "i sguazzi". Un sentiero con chiare indicazioni conduce a questo luogo spettacolare dove un torrente sotterraneo, dopo essersi scavato una breccia nella roccia tenera, emerge in superficie e precipita 180 m più in basso.

Escursioni

- Il Rifugio Vederna è raggiungibile a piedi sul vecchio e ripido sentiero che da Imer, località Cappuccetto Rosso, risale in 1,5 ore il profondo solco della Val Noana. Dal rifugio si procede con pendenza moderata fino alla cupola verdeggiante del Monte Vederna, con magnifica vista sulla Valle del Primiero e sulle architetture dolomitiche delle Pale di San Martino che s'innalzano dirimpetto. Dislivello 250 m.
- A sud-est del rifugio appaiono le estreme propaggini meridionali delle Dolomiti, le Vette Feltrine. La più elevata di esse, il Monte Pavione, è raggiungibile risalendo il sentiero 736. Davanti alla cima si può prendere la "direttissima", la cui pendenza costringe di tanto in tanto ad aiutarsi con le mani, oppure passare da sud per la Forcella Pavione e la via normale (n. 817). Tempo di percorrenza alla cima 3 ore, dislivello 1000 m.

Rifugio Vederna
Fam. Obber
Vederna
38050 Imer
Tel. 0439 67103

30 in un ambiente semplice e rustico, riscaldato da una grande stufa quando serve; altri 20 sulla terrazza riparata da una tettoia.

Aperto dal 20 giugno a settembre.

80 AGRITUR MASO SANTA ROMINA

Sul versante meridionale della catena del Lagorai, nel Trentino sud-orientale, si apre una vasta area che il turismo non è ancora riuscito a monopolizzare completamente: il Vanoi. Le località mondane come San Martino di Castrozza e Fiera di Primiero rimangono al di là della catena montuosa e solo la recente costruzione di una lunga galleria ne ha agevolato l'accesso. Su un'assolata pendice esposta a sud, sovrastante il principale centro insediativo di Canal San Bovo, sorge l'Agritur Maso Santa Romina (1200 m) ampliato e ristrutturato con cura.

Mangiare | Bere

La signora Marella coltiva la tradizione della buona cucina del territorio e offre ai suoi ospiti specialità come la *casaria* (una crema salata di ricotta e panna da spalmare sul pane rustico) o la salsiccia *spanda*, passata nella farina e arrostita. In tavola arrivano anche *canederlotti* di pane allo speck, burro e salvia, gnocchi di ricotta al burro e salvia o gnocchi di patate al pomodoro. Il piatto *Herrengröstl*, patate arrostite con la carne, denota un'influenza tirolese. La carne di selvaggina è fornita da cacciatori amici dei titolari. Da non perdere le salsicce di cervo e capriolo, la soppressa della casa e la Tosella, tutte di produzione propria. L'azienda agricola coltiva direttamente anche piccoli frutti di bosco: gustose fragoline, mirtilli neri e lamponi.

Escursioni

- Proprio dall'agritur parte una passeggiata pianeggiante che taglia il declivio e si dirige al torrente che bagna la piccola Val Zortei. Se un po' di pendenza non crea problemi, si può scendere lungo il sentiero 344 fino al villaggio di Zortea e tornare all'agritur per il sentiero 390. Tempo di percorrenza complessivo 2,5 ore, dislivello 150 m.
- Chi punta più in alto, può imboccare il sentiero 390 con partenza dall'agritur e arrivare ai piedi di Cima Folga, il picco più meridionale del tratto est del Lagorai, e alla Forcella di Valsorda (2094 m) Il sentiero 344 si addentra in Val Zortei e – senza scendere fino a Zortea – attraversa il declivio che riporta al punto di partenza. Tempo di percorrenza 5-6 ore, dislivello 900 m.

Come arrivare

Bivio all'uscita della galleria che collega la Valle del Vanoi con Primiero, 9 km in direzione nord verso Calaita.

Attrattive e curiosità

Le diverse attrattive della valle possono essere visitate lungo un itinerario circolare denominato "Ecomuseo del Vanoi". Partendo dalla casa del Museo a Canal San Bovo si attraversa l'area in cui sono disseminati impianti minerari, fornaci per la calce, baite pittoresche, un Museo della Guerra con reperti della Prima guerra mondiale, chiese ed edicole, fontane, mulini e centrali idroelettriche, una sega a energia idraulica e altro ancora. Mappe escursionistiche, materiali e informazioni sulle visite guidate sono disponibili alla casa del Museo, tel. 0439 719106.

Agritur Maso Santa Romina
Fam. Zortea
Via Mureri 9
38050 Zortea
Tel. 0439 719459

50 all'interno distribuiti su due piani; 20 sulla terrazza con tavoli e panche rustiche.

Da luglio a metà settembre aperto tutti i giorni, da Pasqua a luglio e da metà settembre al 6 gennaio solo nei fine settimana.

Viaggiare & Scoprire

Oswald Stimpfl
Malghe, masi e osterie in Alto Adige
Una guida all'ospitalità rurale
192 pp., ISBN 88-86857-18-7

Oswald Stimpfl
Alto Adige per piccoli esploratori
Escursioni a misura di bambini
168 pp., ISBN 88-86857-24-1

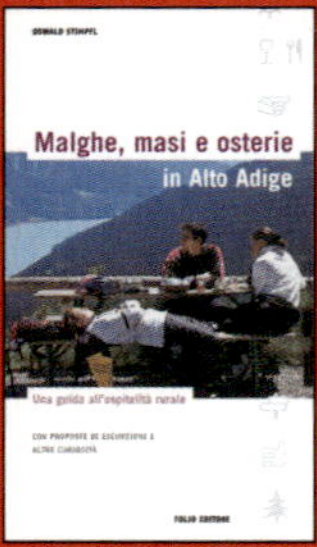

Oswald Stimpfl
Bolzano in tasca
Colpo d'occhio sulla città
64 pp., ISBN 88-86857-23-3

Josef Rohrer
Merano in tasca
Colpo d'occhio sulla città
96 pp., ISBN 88-86857-44-6

Nina Schröder
Musei dell'Alto Adige
Storia, tradizioni, arte, natura
180 pp., ISBN 88-86857-38-1

Ferruccio Delle Cave/Marta Golin
Agrigento, la Valle dei Templi
Con il Museo Archeologico Regionale
72 pp., ISBN 88-86857-46-2

Angelika Fleckinger
Ötzi, l'Uomo venuto dal ghiaccio
Informazioni e curiosità
sul celebre ritrovamento archeologico
120 pp., ISBN 88-86857-25-X

Stephanie Risse-Lobis
EURAC
Una casa per l'Accademia Europea Bolzano
Architettura Storia Scienza
96 pp., ISBN 88-86857-34-9

folio